리더의 신호

조직을 변화시키고
성과를 창출하는 리더는
무엇이 다른가?

리더의 신호

박성열 지음

호이테북스
today

추천의 글
의식적 무의식적으로 보내는 리더의 신호를 성찰하라

리더십에 관한 이론과 책이 많고, 그에 대한 통념도 꽤 많이 있다. 대부분의 조직이 열심히 리더십 교육을 한다. 하지만 많은 비용과 시간을 들이는 리더십 교육이 얼마나 효과가 있는지는 확신하기 어렵다. 많은 리더십 교육이 원론적인 담론에 그치거나, 극단적인 사례를 매개로 일시적인 처방을 하는 탓이다.

이 책을 쓴 박성열 박사는 현장에서 조직을 이끈 리더이자, 리더십 전공 연구자이며, 현장에서 여러 리더들의 리더십을 코칭해온 코치다. 그런 배경을 가진 전문가답게, 리더십 신호에 대한 이 책도 가벼운 단상을 나열한 내용이 아니라, 이론에 근거하되 현실적인 사례를 들어 리더십 행동을 설명한다. 이 책은 리더의 신호라는 말로 리더가 미치는 영향을 설명한다. 리더의 신호는 의식적인 것도 있고, 무의식적인 표출도 있다. 여기서 중요하게 다루는 심리적 안전감만 해도 그렇다. 눈에 보이고 귀로 들리는 리더의 언행만이 중요한 것이 아니라, 무의식적으로 보내는 신호들이 결정적이다. 예를 들어 상대의 얘기에 얼굴을 찌푸리거나 한숨 쉬기 등은 안전하지 않다는 강력한 신호다. 반면에 눈 맞추기나 끄덕임 같은 신호들은 심리적 안전을 가져온다. 리더가 직원과 마주 앉아 눈을 맞추고 경청하는 태도에서 '지금 이 시간 나는 오직 당신의 의견을 듣고 싶다'는 신호가 나온다고 저자는 말한다. 원시적이라 할 만한 그런 신호들이 리더십 행동의 성패를 결정할 수도 있다는 것이다.

이 책은 이 외에도 윤리성과 공정, 혁신, 자발성, 몰입과 협업에 이르기까지 리더들이 보내야 할 신호들을 정리한다. 각각에 대한 모범 사례들을 여러 기업들의 다양한 사례로 소개하고 있다. 특히 책의 말미에 소개된 조직문화의 공진화에 대한 제약 회사의 사례가 무척 흥미롭다. 다이내믹하며 시스템적으로 상호 연결된 조직에서 어떻게 리더의 신호가 조직의 문화에 큐사인을 보내고, 구성원들의 반향을 일으켰는지 이 책은 생생하게 보여준다.

이 책은 많은 리더들이 자신이 보내고 있는 의식적, 무의식적 신호가 무엇인지 돌아보게 할 것이다. 리더십 교육이 별 효과가 없는 이유는 그것을 자신과 연결하여 성찰하는 면이 부족하기 때문이다. 이 책은 독자로 하여금 자신을 성찰하게 한다는 면에서 충분한 가치가 있다. 모든 리더의 일독을 권한다.

고현숙_국민대 교수, 코칭경영원 대표코치

추천의 글
조직경영과 신호이론의 절묘한 조합

　이 책은 조직의 경영자와 관리자는 물론 조직에서 일하는 모든 구성원이 반드시 읽어야 할 책이다. 자신이 하는 말과 행동이 부하, 상사, 동료뿐 아니라 외부의 소비자, 투자자, 주주들에게 어떤 신호를 보내는지 이해하는 지침이 되기 때문이다. 조직은 구성원 서로가 보내는 신호 위에 지어진 집과 같다. 신호가 없으면, 조직은 움직이지 않는다. 물론, 움직임의 방향을 설정하는 것도 신호다.

　신호이론(Signaling Theory)은 주로 경제학, 재무학, 회계학 등에서 이자율이나 주가가 오를지 내릴지를 암시하는 신호를 분석하는 데서 사용되었다. 하지만 최근에는 마케팅이나 조직에도 도입되어 많이 연구되고 있다. 한국에서 조직경영, 특히 리더십에 이를 적용한 것은 박성열 박사가 최초라고 본다.

　이론가들은 책을 어렵게 쓰고, 실무만 한 사람의 글은 체계와 깊이를 결여하는 경우가 많은데, 이 책은 이론적 뼈대와 실무적 경험이 효과적으로 잘 조화를 이루고 있어 신선감을 주고, 쉽게 읽히며, 풍부한 경영적 함의를 준다. 저자가 외국 제약사에서 오랫동안 근무했고, 박사 과정에서 제대로 공부를 했기 때문이리라. 실무에서 그는 단순한 피고용인이 아니라 근본을 고민하는 리더였고, 박사과정에서 그는 경험의 과학화를 선도하는 출중한 사회과학자였다. 이 둘의 치열한 키 맞춤이 균형을 이룬 수레의 두 바퀴처럼 저자를 전진시켰다고 본다.

조직경영에 신호이론을 적용할 때, 어떤 소재를 사용하여 설명할 것인가를 고민하게 되는데, 저자는 조직의 방향 설정, 목표와 비전, 구성원 성장, 상황적 리더십, 리더의 철학, 조직문화를 소재로 삼았다. 넘치는 경영 개념의 정글 속에서 매우 적절한 선택이었다고 본다. 이들에서만 신호 관리가 제대로 된다면, 조직 경영은 성공할 것이다.

특히 심리적 안전감을 신호이론으로 설명한 점이 돋보인다. 자칫 '신호가 중요하다'라는 선언적 함정에 빠질 수 있는 것을 묘하게 벗어나게 해준 탁월한 한 수였다. 심리적 안전감이란 말하기는 쉽지만, 실무에서 구현하기는 어려운 개념인데, 신호 관리를 통해서 구현할 수 있다는 희망을 보여줬다.

이 추천사가 독자들의 독서 의지를 촉발하는 신호가 되기를 바란다. 저자의 더 많은 저작이 빛을 보기를 기대하면서 이 책을 독자들에게 적극 추천한다.

백기복_㈜리더십코리아 대표, 국민대 명예교수

프롤로그

리더의 신호는 한순간의 선택이 아닌 지속적 과정이다

B교수님이 던진 리더십에 관한 질문

글로벌 제약회사에서 임원으로 활동한 10년 동안, 필자는 조직의 목표 달성 과정에서 작동되는 리더십의 영향력과 의미, 복잡성을 절감했다. 그래서 경험에 기반한 리더십이 조직에 미치는 영향에 대한 질문이 점점 깊어졌다. 이를 체계적으로 이해하기 위해 박사 과정에 입학했다.

그런데 첫 수업에서 B교수님이 던진 "리더십이란 무엇일까요?"란 질문이 필자가 가지고 있던 리더십의 관점을 송두리째 흔들었다. 그 질문에 강의실은 침묵에 휩싸였다. 여섯 명의 학생들은 서로를 바라볼 뿐 누구도 쉽게 입을 열지 못했다. 마침내 필자가 침묵을 깨고 대답했다.

"리더십은 구성원들에게 목표와 방향을 제시하고, 목표 달성을 이끄는 능력입니다."

교수님은 조용히 고개를 끄덕이더니 다시 물었다.

"좋아요. 그런데 어떤 이론을 바탕으로 그렇게 정의했나요?"

그 순간, 머리가 하얘졌다. 필자는 경험을 바탕으로 답했지만, 그

근거를 찾을 수는 없었다. 필자는 리더십을 감각적으로만 이해하고 있을 뿐, 그것을 체계적으로 설명할 논리적 틀은 없었다. 그날 이후, 필자는 리더십을 '신호(Signals)'로 바라보기 시작했다.

리더는 매일 수많은 신호를 조직에 보낸다. 말투, 표정, 행동, 결정, 의사소통 방식까지 모든 것이 신호다. 이때 리더가 보내는 신호가 명확치 않다면 혹은 원하는 방식으로 받아들여지지 않는다면 어떻게 될까? 조직은 혼란에 빠질 수밖에 없다.

5년간의 리더십 코칭, 신호의 문제를 발견하다

박사 과정을 마친 후, 나는 지난 5년 동안 대기업 경영진에게 리더십 코칭을 해왔다. 그 과정에서 한 가지 공통된 문제를 발견했다. 리더들은 명확한 메시지를 전달하지 못했고, 조직은 그 메시지를 왜곡해서 받아들이고 있었다. 한편으로는 이런 생각이 머리를 스쳐갔다.

H그룹의 K상무는 "요즘 젊은 직원들은 주도적으로 일하지 않는다"며 고민한다. 하지만 그는 무의식중에 '내 방식대로 해야 인정받는다'는 메시지를 보낸 건 아닐까? S그룹의 J상무는 "수평적 소통이 중요하다"고 말하면서도 "조직 기강이 해이해질까 걱정된다"고 했다. 그는 말과 행동이 일치하지 않는 신호를 보낸 것은 아닐까? I사의 H상무는 "회의에서 질문을 해도 직원들이 아무 말도 하

지 않는다"고 불평했다. 하지만 그는 '내 생각과 다르면 받아들이지 않겠다'는 무언의 메시지를 보낸 건 아닐까?

그리고 나는 확신하게 되었다. 리더가 보내는 신호가 곧 조직의 문화를 만든다는 사실을.

리더십 연구에서 얻은 통찰, 신호를 과학적으로 분석하다

많은 연구자들은 리더십을 과학적으로 분석하기 위해 변수 간의 관계를 정의하고 분석한다. 이 책도 그런 연구 모델에서 영감을 받았다. 그래서 다음과 같은 구조로 구성되어 있다.

- 독립변수(원인): 리더가 보내는 신호
- 조절변수(상황요인): 심리적 안전감
- 종속변수(결과): 구성원의 몰입, 혁신적인 행동, 조직문화 변화 등

이 구조를 쉽게 설명하면 이렇다. 리더의 신호가 조직에서 제대로 작동하려면 심리적 안전감이 조절변수로 작용해야 한다. 이 요소가 높을수록 리더의 메시지는 명확하게 전달된다. 구성원들도 적극적으로 반응한다. 반대로 심리적 안전감이 낮으면, 같은 신호라도 왜곡되거나 저항을 불러올 수 있다. 결국 심리적 안전감은 리더의 신호가 효과를 발휘하기 위한 필수 조건이다. 이 책에서 심리적

안전감을 중요하게 다룬 이유도 여기에 있다.

이 책은 무엇을 제공하는가?

이 책은 과학적 연구를 바탕으로 리더의 신호가 조직에 어떤 영향을 미치는지를 여섯 가지 측면에서 분석했다. 각 측면은 다음과 같다.

1. 조직의 방향성을 명확히 제시하는 방법
2. 목표와 비전을 효과적으로 전달하는 방법
3. 구성원의 성장을 촉진하는 전략
4. 상황에 맞는 리더십 스타일을 적용하는 법
5. 커뮤니케이션이 리더의 철학으로 자리 잡는 과정
6. 변화 속에서 성공하는 조직문화를 구축하는 방법

이 여섯 가지는 결국 리더십이 조직 내에서 지향해야 할 방향이기도 하다. 각 장에서는 독자의 이해를 돕기 위해 역사적인 사례와 현대 리더십 사례를 풍부하게 담았다. 과학적 연구를 씨줄로, 실제 사례를 날줄로 삼아 실질적인 인사이트를 주기 위해 구성에 많은 노력을 기울였다. 이 노력이 독자에게 유의미한 결과로 다가가길 바란다.

마지막으로, 이 책이 독자에게 쓸모 있는 책이 되기를 진심으로 바란다. 당신이 아직 리더가 아니라면, 이 책을 통해 리더가 보내는 신호를 이해하고 조직 안에서 성장하는 데 도움이 되기를 바란다. 당신이 이미 리더라면, 이 책이 자신이 보내는 신호를 점검하고 돌아보는 계기가 되었으면 한다. 이를 바탕으로 더 나은 소통 방식을 개발하고 실천하여 조직을 빠르고, 강하고, 유연하게 이끄는 초석이 되기를 바란다.

저자 박성열

차례

추천의 글 **고현숙**_국민대 교수, 코칭경영원 대표코치 ◆ 5
추천의 글 **백기복**_㈜리더십코리아 대표, 국민대 명예교수 ◆ 7
프롤로그 리더의 신호는 한순간의 선택이 아닌 지속적 과정이다 ◆ 9

1장
리더의 신호가 조직에 미치는 영향

1. 신호란 무엇인가? ◆ 21
2. 리더의 신호는 조직의 방향성을 제시한다 ◆ 28
3. 리더의 신호는 목표와 비전을 담고 있다 ◆ 34
4. 리더의 신호는 구성원의 성장을 촉진한다 ◆ 38
5. 리더의 신호는 철학을 품고 있다 ◆ 43
6. 리더의 신호는 조직문화를 구축한다 ◆ 52
7. 리더의 신호는 통합된 조직을 만든다 ◆ 57

2장
신호 수용의 전제조건, 심리적 안전감

1. 심리적 안전감이란 무엇인가? ◆ 63
2. 왜 심리적 안전감인가? ◆ 68
3. 심리적 안전감이 혁신을 가져온다 ◆ 72
3. 작은 성공이 심리적 안전감을 심어준다 ◆ 76
4. 상황에 맞는 리더십이 심리적 안전감을 준다 ◆ 85
5. 리더가 심리적 안전감에 투자해야 하는 이유 ◆ 90
6. 감정을 알면 동기부여가 가능하다 ◆ 93

3장
리더는 어떤 신호를 보내야 하는가?

1. 리스크를 예방하는 윤리성 ◆ 101
2. 신뢰를 강화하는 공정성 ◆ 107
3. 고객의 충성을 이끌어내는 사회적 책임성 ◆ 118
4. 직원들의 동기를 유발하는 자발성 ◆ 125
5. 지속적인 변화와 혁신 ◆ 132
6. 조직의 성공을 이끄는 협업 ◆ 137
7. 꺾이지 않는 불굴의 도전정신 ◆ 144
8. 조직의 지속 가능성을 담보하는 위임 ◆ 150

4장
리더는 어떻게 신호를 보내야 하는가?

1. 직원 친화적인 다정한 신호 ◆ 159
2. 해석의 여지가 없는 구체적 신호 ◆ 168
3. 객관적 근거에 바탕한 데이터 기반의 신호 ◆ 173
4. 단순하고 반복적인 명확한 신호 ◆ 179
5. 경쟁력을 확보하는 실천적 신호 ◆ 184
6. 상황과 사람에 맞는 맞춤형 신호 ◆ 189
7. 공감을 일으키는 감정 인식 신호 ◆ 194

5장
신호로 조직을 움직여라

1. 작은 신호 하나가 조직을 자극한다 ◆ 201
2. 신호로 수평적 리더십을 구축하라 ◆ 208
3. 신호를 잘 받아들이는 인재를 우대한다 ◆ 216
4. 신호로 조직문화를 창조하라 ◆ 224

부록 ◆ 230

1장

리더의 신호가
조직에 미치는 영향

1. 신호란 무엇인가?

1차 대전 때 '크리스마스의 기적'을 만든 신호

1914년 12월, 제1차 세계대전이 한창이던 벨기에의 이프르(Ypres) 인근 서부전선에서 '크리스마스의 기적'이라 불리는 사건이 벌어졌다. 독일군과 영국군이 대치하던 전선에서, 독일 병사들이 크리스마스 캐롤을 부르기 시작했다. 그러자 화답이라도 하듯 영국 병사들이 함께 노래를 불렀다. 적군과 아군의 구분이 무색해진 순간이었다. 양측 병사들은 참호를 나와 서로의 손을 맞잡고, 서로 선물을 나누며, 심지어 축구 경기를 즐기기도 했다. 그날 전쟁터에서는 총성이 멈추고, 웃음소리가 울려 퍼졌다.

이 이야기는 전설처럼 전해지며 많은 사람들에게 감동을 주었다. 이 사건의 배경에는 흥미로운 사실이 숨어 있었다. 당시 현장 지휘관들 중 일부는 군사적 긴장 속에서도 크리스마스의 의미를 존중하며 병사들에게 휴전의 가능성을 열어두는 신호를 보냈다. 그것은 단순한 구두 명령이 아니었다. 사령부의 공식적인 지시는 없었지만, 각 병사들은 자신이 무엇을 해야 할지 판단할 수 있었다. 그 신호는 단순히 전쟁을 멈추라는 명령이 아니라, 인류애와 화합이라는 보편적 가치를 상기시키는 메시지였다.

리더의 신호는 단순한 지시를 넘어선다. 때로는 조직을 위기에서 구하는 한 줄기 빛이 되고, 때로는 구성원들이 자신의 역할을 재정의하고 성장할 수 있는 발판을 마련한다. 위의 사례처럼 신호는 직접적으로 드러나지 않더라도 구성원들에게 명확한 행동 방향과 가치를 전달한다. 리더는 자신의 말과 행동, 결정 하나하나를 통해 조직 전체가 움직이도록 해야 한다. 작은 신호 하나가 팀워크를 강화하고, 나아가 조직의 문화를 바꾸며, 때로는 세계를 바꾸는 기적을 만들기도 한다.

리더십 사례나 성공적인 기업 이야기를 보면, 조직을 성공으로 이끈 리더에게는 한 가지 공통점이 있다. 그들은 언제나 명확하고 강력한 신호를 보냈다. 이러한 신호는 구성원들에게 방향성을 제시하고, 혼란 속에서도 행동의 기준을 마련하며, 조직의 사기를 끌어올리는 역할을 했다. 그렇다면 리더의 신호는 정확히 무엇일까?

신호는 어떤 파장을 몰고오는가?

"드디어 금리 인하 신호 나왔다. 美 연준, 9월 가능성 시사."

2024년 8월 24일 '조선비즈'의 헤드라인 기사다. 이 기사는 미국 연방준비제도(Fed, 이후 '미 연준'으로 표기)의 제롬 파월 의장이 다음

달에 기준 금리를 인하하겠다는 뜻을 시사했다고 보도하며 "뉴욕 증시가 장 초반 강세를 보이고 있다"는 사실을 전했다. 파월 의장은 이날 미국 와이오밍주 잭슨홀에서 열린 경제정책 심포지엄의 기조연설에서 "통화 정책을 조정할 시기가 왔다"며 9월 금리 인하 결정을 내리겠다는 뜻을 내비쳤다.

미 연준의 금리 인하는 세계 경제에 중요한 신호 역할을 한다. 미국의 금리 인하는 단순한 금리 조정 이상의 의미를 담고 있다. 미 연준의 금리 인하는 글로벌 경제 정책과 투자 흐름에 영향을 미친다. 이는 미 연준이 경제가 둔화되거나 경기 침체 가능성을 우려하고 있다는 뜻을 시장에 전달하는 것이다. 또한 글로벌 투자자들에게는 경제 불확실성이 높아질 가능성을 암시한다. 이로 인해 헤지 펀드 매니저들뿐만 아니라 소자본의 개미들까지 투자 패턴이 바뀌는 효과를 가져온다.

한겨레신문은 다음과 같이 파월 의장의 금리 인하 발언이 국내 시장에 미칠 영향에 대한 분석 기사를 냈다.

"통화 당국의 고민도 이 지점에 있다. 미 연준이 공격적인 금리 인하에 나서게 되면, 국내의 금리 인하 압력은 더 거세질 것으로 예상된다. 하지만 집값 상승과 가계 대출 증가세가 안정되지 않은 상황에서 금리 인하에 나서면, 자칫 '기름을 붓는 격'이 될 수 있다."

2017년 11월 7일 오후, 문재인 대통령과 도널드 트럼프 미국 대통령이 청와대 정상회담에서 착용한 넥타이 색상이 화재가 되었다. 문재인 대통령은 평소보다 한 톤 낮은 파란색 계열 넥타이를 맸다.

트럼프 대통령은 짙은 파란색 계열 넥타이를 착용했다. 평소 빨간색 계열 넥타이를 선호했다는 점에서 볼 때, 그가 한·미 정상회담에 얼마나 정성을 쏟았는지 그 의미를 해석할 수 있다. 주요 매스컴들은 두 정상의 파란색 계열 넥타이 착용을 다음과 같이 해석했다.

"트럼프 대통령은 한·미 동맹을 강조함과 동시에 문 대통령을 예우했고, 특히 파란색 계열 넥타이가 신뢰·평화·희망을 상징해 그 의미를 더했다. 문 대통령은 평소보다 한 톤 낮은 파란색 계열 넥타이를 했다. 국빈인 트럼프 대통령을 맞이한다는 의미로 해석된다. 특히 트럼프 대통령의 당적인 공화당을 상징하는 코끼리 그림이 새겨진 것이 의미를 더했다."

신입 사원을 채용할 때도 기업들은 신호, 가령 토익 성적이나 학력, 경력 등을 요구한다. 예를 들어, 영어가 중요한 업무가 아니더라도, 고용주는 토익 점수를 보고 지원자가 얼마나 성실하게 자신의 능력을 쌓아 왔는지 판단한다.

가령, 한 구직자가 토익 920점의 성적 확인서를 제출했다면, '영어 능력이 매우 뛰어나다'고 평가하는 것이 일반적이다. 그러나 고용주는 입장이 다를 수 있다. '높은 점수를 달성하기 위해 성실하게 노력한 사람, 따라서 앞으로도 성실하게 일할 사람'으로 해석할 수 있다. 토익 920점이 영어 실력의 지표로 사용될 수도 있지만, 성실성을 가늠하는 잣대가 될 수도 있는 것이다.

반면에 구직자가 토익 550점의 성적 확인서를 제출했다면, 어떨까? 고용주는 성실성 측면을 부정적으로 볼 수도 있다. 물론 토익 점수가 낮다고 해서 반드시 성실하지 않다는 뜻은 아니다. 하지만 고용주가 영어 공부에 대한 노력이나 성과를 성실성의 기준으로 삼는다면, 이 점수는 성실성이 부족하다는 신호로 해석될 수 있다.

우리는 위에서 예로 든 이 모든 것들을 신호로 해석할 수 있다.

신호는 자기 표현과 상대의 의도를 파악하는 수단이다

"신호란 상호 관련이 있는 실체들이 정보의 비대칭성 상황에서 예상한 결과를 얻기 위해 자기의 정보를 노출하는 행동이다."

노벨 경제학상을 수상한 마이클 스펜스(Andrew Michael Spence) 교수가 신호를 정의한 말이다. 정보의 비대칭성이란 각 주체가 보유한 정보가 불균형이 생기는 현상 또는 그런 성질을 말한다. 이때 정보의 비대칭성을 해결하기 위해 사람들은 자기의 의도를 언어적, 비언어적 신호를 사용하여 상대방에게 적극적으로 알린다.

위에서 예를 든 구직자와 고용주의 관계를 생각해 보자. 구직자는 자신의 능력을 잘 알고 있지만, 고용주는 잘 알지 못한다. 이러한 정보 비대칭성 속에서 구직자는 자신의 능력을 알릴 필요가 있다. 이때 이력서나 자기소개서는 고용주가 구직자를 더 잘 이해할 수 있는 신호 수단이 된다.

신호는 또한 자기 표현의 수단이다. 신호를 보내는 사람은 자신의 정보를 외부에 알리기 위해 적절한 도구를 사용한다. 이때 사용하는 신호는 자신을 차별화하는 도구가 된다. 가령, 소개팅을 할 때 명품 옷을 입고, 고급 스포츠카를 운전하며, 명문대 출신임을 강조하는 사람은 그 모든 행동이 곧 신호다. 그 사람은 명품 옷과 고급 스포츠카로 사회적 지위와 부자 이미지를, 명문대 출신임을 강조해 성공 가능성을 암시하는 신호를 보낸 것이다. 이처럼 신호는 누군가가 의도적으로 보내거나, 때로는 무의식적으로 전달된다. 하지만 그 본질은 정보를 교환하고, 상호작용을 유도하는 데 있다.

인간 사회뿐만 아니라 자연계의 동식물에게도 신호는 정보를 전달하거나 반응을 끌어내기 위한 중요한 수단이 된다. 가령, 세렝게티 평원에서 사자가 사냥감을 잡기 위해 은밀히 움직이면, 얼룩말은 자신을 보호하기 위해 서로 신호를 주고받는다. 한 마리가 위험을 감지해 꼬리를 흔들거나 특정 소리를 내면, 이는 무리 전체에게 "도망쳐라!"는 신호가 된다. 이처럼 동식물에게 신호는 생존, 번식, 의사소통의 핵심 요소다.

또한 신호는 상대방의 의도를 파악하는 수단도 된다. 수컷 공작새의 깃털이 이러한 신호의 좋은 예다. 수컷 공작새는 화려한 꼬리 깃털을 펼치며 암컷에게 자신의 건강과 유전적 우수성을 신호로 전달한다. 암컷은 이 깃털의 패턴과 모양과 색을 보고 수컷의 번식 능력이나 생존 가능성을 평가한다. 이 과정에서 깃털은 단순한 장식이 아닌, 유전적 정보와 건강 상태를 암시하는 신호로 기능을 한다.

신호는 강력한 커뮤니케이션 도구지만 한계도 있다. 때로는 신호가 잘못 해석되거나, 부정확한 신호를 보낼 위험이 있다. 소개팅에서 명품 옷을 입은 사람이 자신의 재력을 과시하기 위해 신호를 보냈지만, 상대방은 이를 지나친 허영으로 해석할 수도 있다. 앞에서 예로 든 미 연준의 금리 인하에 대한 신호를 잘못 받아들이면, 인플레이션이 악화되거나 자산 가치가 떨어질 수도 있다.

　신호의 진정성을 확인하기 어려울 때도 문제가 발생할 수 있다. 기업에서 성실한 인재를 찾기 위해 토익 점수를 요구했지만, 높은 점수를 가진 사람이 반드시 성실하거나 능력 있는 사람이라고 단정할 수는 없다. 이런 경우, 신호는 고용주에게 기대와 현실 간의 차이를 유발할 수 있다.

　신호를 통해 우리는 분명 더 나은 의사소통과 상호작용을 할 수 있다. 하지만 신호가 항상 올바르게 해석되거나 진정성을 보장하는 것은 아니다. 따라서 리더는 명확한 방향성을 제시하고, 구성원의 잠재력을 신뢰하며, 그들을 최우선으로 생각하고 있다는 신호를 보내야 한다. 또한 구성원들에게 보내는 신호는 심리적으로 안전감을 주어야 한다.

　이 책에서 필자가 '리더의 신호'를 다루는 이유는 간단하다. 리더십은 단지 지시와 명령으로 이루어지지 않기 때문이다. 진정한 리더는 말과 행동, 그리고 작은 신호를 통해 자신의 비전과 가치를 전달한다. 이 신호는 팀을 하나로 묶고, 조직을 원하는 방향으로 이끄는 원동력이 된다. 이 책을 통해 '리더의 신호'를 제대로 이해하고 활용할 수 있다면, 단순히 좋은 리더를 넘어서 변화와 영감을 주는 리더로 성장할 수 있을 것이다.

2. 리더의 신호는 조직의 방향성을 제시한다

잡스 사후 애플을 진두지휘한 팀 쿡의 신호

"애플이 변하지 않을 것이라는 확신을 가졌으면 합니다. 스티브는 세상 그 어떤 회사의 문화와도 다른 애플만의 문화를 구축했습니다. 우리는 그 사실에 충실할 것이며, 이는 우리 DNA에 담겨 있습니다."

팀 쿡(Tim Cook)이 애플의 CEO로서 발표했던 취임사 내용이다. 그는 직원과 투자자 모두에게 혁신과 고품질 디자인이라는 애플의 핵심 철학이 계속될 것이라는 것을 분명히 밝혔다. 그는 스티브 잡스의 유산을 인정하고, 애플의 혁신적인 문화에 대한 지속성을 명확히 강조했다.

"애플워치는 단순한 스마트워치가 아닙니다. 우리의 장기적인 목표는 사람들에게 더 건강한 삶과 세상의 연결을 실현하는 것입니다."

2014년 팀 쿡은 애플워치(Apple Watch) 출시에 대한 방향성을 위와 같이 명확히 제시하고, 애플워치가 회사의 장기적 비전에 어떻게 기여하는지 다음과 같이 설명했다.

"이 제품은 사용자가 자신의 건강 데이터를 보다 정밀하게 관리하고, 더 나은 삶을 살 수 있도록 도와줍니다. 또한, 우리의 웨어러블 기술 혁신을 이끌어 나가면서, 애플 생태계와 완벽하게 연동되어 미래 기술의 핵심으로 자리 잡을 것입니다."

팀 쿡이 했던 이 말은 조직 구성원뿐만 아니라 고객에게 보내는 일종의 신호였다. 이 신호는 그가 가진 조직의 비전과 목표를 구성원들과 고객에게 전달하는 중요한 역할을 했다. 이 명확한 신호를 통해 구성원들에게 요구되는 역할은 무엇이며, 조직이 어떤 방향으로 나아가야 하는지를 우리는 단번에 알 수 있다. 이 신호를 통해 애플은 조직-팀-개인의 목표가 하나로 일치되며 유기적인 공동체가 되었다. 애플의 웨어러블 기기가 헬스케어 산업에 터닝포인트가 되었음은 물론이다.

2021년 8월 24일 국내외 매스컴은 팀 쿡이 CEO로 취임한 지난 10년 간 애플이 눈부신 발전을 거듭했다고 일제히 보도했다. 미국 CNBC는 "쿡이 취임했던 2011년 3분기에 애플의 매출은 285억 7,000만 달러였지만, 올해 2분기 매출은 3배 가까이 증가한 814억 달러에 이른다. 애플의 아이폰 판매 매출만 396억 달러로, 10년 전 애플 전체 매출을 넘어섰다"고 밝혔고, 국내 신문들은 일제히 "팀 쿡 취임 10년 애플 매출 3배 증가, 연평균 주식수익률 32%"라고 헤드라인 보도를 했다. 이 기간 동안 모든 배당을 재투자했다고 가정한다면 연간 수익률은 무려 32%가 넘는다. 같은 기간 S&P500 수익률이 연간 16%임을 감안하면 애플이 얼마나 눈부신 성장을 했는지 알 수 있다.

이처럼 팀 쿡이 CEO를 맡은 10년 간 애플의 기업가치는 급격히 성장했다. 리더가 추구하는 것이 무엇인지 명확하게 신호를 보낸 결과라 할 수 있다.

삼성의 혁신을 이끈 프랑크푸르트 선언

"마누라와 자식 빼고 다 바꿔라."

우리나라 사람이라면 이 말이 아주 익숙할 것이다. 이 짧은 문장 안에는 삼성 개혁에 대한 이건희 회장의 강력한 신호가 담겨 있다. 1993년 6월, 삼성그룹 이건희 회장은 프랑크푸르트에서 열린 비전 선포식에서 강력한 '신경영' 메시지를 내놓았다. 이것은 삼성의 품질 혁신과 글로벌 경쟁력을 향상시키기 위한 강력한 신호였다. 당시 이 회장이 신경영 선언을 한 중요한 이유는 〈후쿠다 보고서〉를 읽고 큰 충격을 받았기 때문이다.

이 보고서에서 삼성의 외부 고문인 후쿠다 다미오(福田民郎)는 "삼성은 일본 기업 베끼기에 급급하면서 삼성만이 제일이라는 자만에 빠져 창조적 도전을 하지 않고 있다"고 꼬집었다. 삼성의 디자인은 어디서 본 것 같아서 글로벌 시장에서 이길 수 없고, 삼성 역시 일류 기업이 될 수 없다는 것이 주된 내용이었다. 이건희 회장은 이 말 한 마디로 삼성이 더 이상 국내에 안주하지 말고, 글로벌 경쟁에서 승리하기 위해 모든 것을 혁신해야 한다는 신호를 구성원들에게 보냈다. 이 발언 이후, 삼성은 품질 혁신에 집중하여 오늘날 글로벌 기업으로 성장할 수 있었다. 그가 준 신호는 조직의 방향을 명확히 하고, 삼성의 모든 구성원들이 품질 개선과 글로벌 경쟁력 강화에 동참하게 했다.

이 회장의 명확한 방향 제시는 수치로 입증됐다. 1993년 8조 1,570억 원이었던 매출이 10년 뒤인 2003년 43조 5,820억 원, 20년 후인 2013년 228조 6,930억 원으로 폭발적인 성장을 이루었다. 더구나 글로벌 환경의 복합적인 위기 상황에도 불구하고 2022년에는 302조 2,300억원의 매출을 기록했다. 신경영 선언 이후 매출이 무려 37배 늘어난 셈이다.

삼성이 이처럼 세계적인 기업으로 성장할 수 있었던 기폭제는 "마누라와 자식 빼고 다 바꿔라"라는 리더의 짧은 말에서 시작되었다. 이는 양(量) 위주의 경영 관행에서 벗어나 질(質)을 중시하는 쪽으로 경영 방향을 바꾸는 계기가 됐고, 마침내 '글로벌 삼성'의 밑거름이 됐다는 평가를 받고 있다.

이처럼 리더가 명확하고 일관된 신호를 보낼 때, 조직은 목표를 달성할 수 있는 일관된 조직 문화를 갖추게 된다. 그리고 구성원들은 그 신호에 따라 자신들의 역할을 인식하고, 더욱 생산적이고 혁신적으로 일하게 된다.

MS의 사업 방향을 바꾼 사티아 나델라의 신호

또 하나의 사례를 보자.

"모바일 우선, 클라우드 우선의 세상."

2014년 2월. 사티아 나델라가 마이크로소프트의(이후 MS) CEO로 취임하면서 다가올 세상에 대해 비전을 제시한 말이다. 그는 전통적인 소프트웨어에서 클라우드 컴퓨팅과 인공지능으로의 전환을 강조했다. 그는 "우리 산업은 전통을 존중하지 않는다. 오직 혁신을 존중할 뿐"이라며, "우리가 해야 할 일은 MS가 모바일 우선, 클라우드 우선인 세상에서 번영을 누리도록 하는 것"이라고 말했다. 이는 "디바이스와 서비스 회사로 변신하겠다"던 전임자 스티브 발머의 정책을 당분간 유지하면서 MS의 위기를 정면으로 돌파할 방법을 찾겠다는 것이었다. 이는 애저(Azure)와 오피스365 같은 클라우드 서비스를 중점적으로 발전시키겠다는 것을 의미했다.

나델라는 이 말대로 MS의 주력 사업이던 윈도우와 오피스 등 PC 소프트웨어 대신 클라우드에 회사의 모든 자원을 집중했다. 전임자인 발머가 노키아 무선 사업부를 인수하며 진출했던 휴대폰 사업도 접었다. 현재 글로벌 클라우드 업계 2위인 '애저'가 이 같은 방향성의 산물이다.

폐쇄적인 생태계를 고집하던 MS의 문화를 바꾼 것도 나델라의 업적으로 꼽힌다. 나델라는 취임하자마자 애플 아이패드용 MS 오피스 앱을 출시했고, 2016년에는 자사 주력 제품을 리눅스 OS에서도 구동할 수 있도록 했다. 당시 〈월스트리트 저널〉은 "윈도우 OS만 고집하던 MS가 태도를 바꾼 것은 상상도 할 수 없던 일"이라고 평가했다. 이처럼 나델라의 명확한 방향성 덕분에 MS는 혁신과 협력을 촉진하는 문화를 되살릴 수 있었다.

나델라가 CEO로 임명됐을 당시 MS의 시가총액은 3,000억 달러를 조금 넘는 정도였다. 이 수치는 2024년 2월 2일 기준, 10년 만에 10배로 늘어난 3조 5,55억 달러가 됐다. 애플을 넘어 '세계에서 가장 가치 있는 기업'의 자리도 되찾았다. 미국 CNBC는 이에 대해 "10년 전 '평범함의 수렁'에 빠져 있던 MS가 지금은 모든 핵심 분야의 선두 주자로 확고히 자리 잡고 있다"고 전했다.

앞의 세 가지 사례에서 우리는 리더의 명확한 신호가 조직에 전략적 방향성을 제시하고, 구성원들의 행동과 기업의 성과에 직접적으로 영향을 미쳤다는 것을 확인할 수 있다.

3. 리더의 신호는 목표와 비전을 담고 있다

불확실성 시대에 더욱 중요한 목표와 비전

리더십의 핵심은 구성원들에게 목표와 비전을 명확히 제시하고, 그들이 이를 실현하도록 동기를 부여하는 데 있다. 리더가 제시하는 비전은 단순한 방향성을 넘어, 조직 전체를 하나로 묶고, 구성원 개개인이 자신의 가치를 깨닫게 만드는 중요한 역할을 한다. 이러한 비전 제시는 특히 급격한 변화와 불확실성이 일상화된 현대 사회에서 더욱 큰 의미를 가진다.

리더가 목표와 비전을 제시함으로써 조직이 새로운 차원으로 도약한 사례는 무수히 많다. 그중에서도 스타벅스의 하워드 슐츠(Howard Schultz)는 리더십의 모범 사례로 꼽힌다. 슐츠는 단순히 커피를 파는 회사가 아니라, 고객과 직원 모두에게 경험을 제공하는 회사로 스타벅스를 탈바꿈시켰다. 스타벅스가 한때 성장 둔화라는 위기에 봉착했을 때, 슐츠는 모든 구성원들에게 명확한 비전을 제시했다. 그는 "우리는 단순히 커피를 파는 것이 아니라, 사람들에게 따뜻함과 소속감을 제공하는 공간을 만든다"는 메시지를 강조해 모든 직원들에게 자신이 하는 일이 조직의 전체 비전에 어떻게 기여하는지 알도록 했다.

슐츠는 단순히 비전을 말하는 데 그치지 않았다. 그는 조직 구성원들이 이 비전을 실천할 수 있도록 구체적인 방법도 제시했다. 바리스타에게 고객과의 대화와 서비스의 중요성을 교육하고, 매장에서 제공되는 경험이 단순히 커피를 마시는 것을 넘어선다는 사실을 체감하게 했다. 이러한 리더십은 스타벅스가 단순한 커피 체인을 넘어, 독창적인 브랜드 정체성을 가진 세계적인 기업으로 성장할 수 있는 원동력이 되었다.

또 다른 사례는 테슬라의 일론 머스크(Elon Musk)다. 테슬라는 전기차라는 새로운 시장을 창출하며 자동차 산업에 혁신을 일으켰다. 머스크는 단순히 전기차 생산을 넘어, '지속 가능한 에너지로의 전환'이라는 큰 기업 비전을 제시했다. 그의 비전은 단순한 제품 판매를 넘어, 인류와 지구의 미래를 위한 해결책을 제공하는 데 있었다. 이처럼 원대한 목표는 테슬라의 모든 구성원들에게 자부심을 주고, 자신들의 업무가 단순한 업무를 넘어, 더 큰 목적과 연결되어 있다는 확신을 갖게 만들었다.

머스크는 이 비전을 실현하기 위해 구성원들에게 구체적인 도전 과제도 제시했다. 예를 들어, 기존 자동차 시장의 패러다임을 깨는 완전 자율주행차 개발, 에너지 저장 솔루션인 파워월(Powerwall), 가정용 태양광 시스템 등을 통해 테슬라 구성원들이 창의적이고 혁신적으로 일할 수 있는 환경을 조성했다. 이러한 접근 방식은 구성원들에게 비전이 단순히 리더의 구호에 머무는 것이 아니라, 현실화될 수 있다는 가능성을 심어 주었다.

명확한 목표와 비전이 가진 강력한 힘

비전을 제시하는 리더는 조직 목표를 명확히 설정할 뿐만 아니라, 이를 달성하기 위해 구성원 개개인이 어떤 역할을 해야 하는지를 이해할 수 있도록 돕는다. NASA(미 항공우주국)를 만든 존 F. 케네디 대통령(John F. Kennedy)의 사례는 이를 잘 보여준다. 1961년 케네디 대통령은 "10년 안에 인간을 달에 보내고 무사히 돌아오게 하겠다"는 도전적인 목표를 세웠다. 이 비전은 당시로서는 상상하기 힘든 일이었지만, 케네디의 메시지는 명확하고 강렬했다. 그는 단순히 기술적 도전을 말한 것이 아니라, 미국 국민들에게 국가적 자부심과 과학 기술 발전의 중요성을 심어 주었다.

케네디 대통령은 이 목표를 NASA와 관련된 산업의 모든 구성원들에게 명확히 전달했다. 엔지니어, 과학자, 기술자, 심지어 행정직 직원까지 모두 자신들이이라는 목표의 일부라고 느끼게 했다. 케네디의 리더십과 비전 덕분에 미국은 1969년 아폴로 11호를 인류 최초로 달에 착륙시키는 데 성공했다. 이 사례는 명확한 목표와 비전 제시가 조직 구성원들의 동기부여에 얼마나 큰 영향을 미치는지 잘 보여준다.

현대 조직에서도 이러한 사례들은 중요한 교훈을 제공한다. 리더는 비전을 제시할 때, 단순히 이상을 말하는 것이 아니라, 구성원들에게 이를 현실로 만들 수 있다는 확신을 심어 주는 것이 중요하다. 리더는 구성원들이 자신들의 일에 자부심과 목적의식을 느끼도록 해야 하며, 이를 통해 조직 전체의 역량을 극대화해야 한다.

결론적으로, 리더가 구성원들에게 목표와 비전을 제시하는 것은 조직의 성공과 지속 가능성을 담보하기 위함이다. 리더가 제시하는 비전은 단순한 목표를 넘어, 구성원들에게 그 목표를 실현할 수 있는 힘과 열정을 제공한다. 스타벅스의 하워드 슐츠, 테슬라의 일론 머스크, 그리고 존 F. 케네디 대통령의 사례는 비전을 제시하는 리더십이 얼마나 구성원들의 동기와 역량을 이끌어낼 수 있는지 명확히 보여준다. 리더라면 이러한 사례를 참고하여 명확하고 일관된 비전을 구성원들에게 전달해야 할 것이다.

4. 리더의 신호는 구성원의 성장을 촉진한다

도전과 믿음의 신호가 구성원의 성장을 이끈다

만약 당신이 평생 단조로운 일을 해왔는데, 갑자기 상사가 "사라진 중요한 자료를 찾아야 한다"며 세계를 누비라고 한다면 어떻겠는가?

2017년 말 개봉한 판타지 영화 '월터의 상상은 현실이 된다'라는 영화가 있다. 이 영화의 주인공은 '라이프(LIFE)' 잡지사에서 16년째 포토 에디터로 근무하고 있는 월터 미티다. 그는 모험심 많던 어린 시절과 달리, 지금은 창고에 갇혀 필름을 정리하는 반복적인 업무를 수행하는 인물이다. 그러던 어느 날, 회사가 폐간을 앞두고 마지막 호를 준비하는 과정에서 전설적인 사진작가 숀 오코넬(Sean O'Connell)이 보낸 가장 중요한 사진이 사라진 것을 알게 된다. 그러자 새로운 경영진인 테드 헨드릭스가 그를 불러 이렇게 말한다.

"우리는 더 이상 과거의 방식으로 살아남을 수 없어. 숀을 찾아야 돼."

이 한 마디가 월터의 일상을 뒤흔든다. 그는 단순히 지시를 따르는 것을 넘어, 필름을 찾는 여정을 통해 자신의 내면과 마주하게 된다. 그린란드, 아이슬란드, 히말라야를 여행하며 그는 상상 속에서만 그리던 현실을 직접 경험하게 되고, 그 과정에서 스스로의 한계를 뛰어넘는다. 이 영화에서 가장 인상적인 장면은 그가 마침내 히말라야에서 숀을 만나고, 유령 같은 눈표범과 마주치는 순간이다. 숀은 카메라를 내려놓고 이렇게 말한다.

"어떤 아름다움은 그냥 느끼는 게 좋아. 카메라로 찍으면 방해될 때가 있거든."

이 말은 월터가 진정한 의미의 성장과 변화를 경험하는 순간을 상징한다. 그는 과거처럼 결과(사진)를 쫓는 것이 아니라, 현재를 온전히 살아가는 법을 배운다. 이때 숀이 그에게 다음과 같은 한마디를 던진다.

"넌 이미 충분한 능력을 가졌고, 이 순간을 스스로 깨달아야 해."

이 영화에서 월터의 성장은 경영진의 명령과 숀의 신호, 즉 도전과 자기 발견의 기회가 주어졌기에 가능했다. 이 영화는 리더가 구성원의 성장을 이끌기 위해 보내야 하는 두 가지 중요한 신호를 잘 보여준다. 도전적인 경험을 제공한 경영진의 신호는 월터에게 '사라진 필름을 찾아라'라는 미션을 부여함으로써 기존의 틀에서 벗어나도록 유도했다. 또한 내면의 가능성을 믿는 숀의 신호는 월터가 자신의 가치를 발견하고, 스스로 깨닫게 만들었다.

'이력서를 업데이트하세요'라는 신호의 성과

영화 속 이야기에서 현실로 넘어가 보자. 필자가 경험한 리더의 신호와 직원 성장의 사례는 월터의 여정과 매우 유사하다.

과거 P사의 영업 지점장 선발 방식은 연공 서열 중심이었다. 보통 10년 이상 근속한 직원만 승진할 수 있었다. 그러나 회사는 새로운 인사제도를 도입하여 성과와 역량 중심의 승진 시스템을 만들었고, 그 첫 사례로 3년차 직원 H를 영업 지점장으로 임명했다. 이 결정은 조직에 강력한 신호를 보낸 것이었다.

"연차가 아니라 역량이 중요하다."

"누구든 도전할 수 있으며, 우리는 그 가능성을 믿는다."

H의 임명은 신입 직원들에게는 매니저에 도전할 기회를 제공하는 자극제가 되었고, 일부 고참 직원들에게는 자격지심을 불러일으켰다. 리더는 조직 내 사고 방식의 전환과 행동 변화를 유도할 필요가 있었다. 이때 P사의 영업 본부장이 던진 신호는 명확했다.

"이력서를 업데이트하세요."

그는 직원들에게 POA(Plan of Action) 미팅에서 자신의 성과와 차별화된 업무 방식을 정리해 이력서처럼 작성하라고 요구했다. 이는 단순한 문서 작업이 아니라, 각자가 자신의 강점과 가능성을 재발견하도록 유도하는 장치였다. 그리고 POA 미팅에서 그는 이렇게 말했다.

"여러분은 시장에서 맞닥뜨리는 어려움과 문제를 해결할 능력을 가지고 있습니다. 담당 지역 전체를 대상으로 어떤 고객에게 어떤 메시지를 전달하고 어떻게 관리할 것인지, 그 결과를 하반기 POA에 공유하시기 바랍니다."

이 신호는 직원들에게 단순한 보고가 아니라, 도전적인 경험을 통해 성장 기회를 부여한다는 것이었다. 이후 직원들은 자신만의 차별화된 전략을 고민하기 시작했다. 스스로가 던진 '어떤 고객을 타겟으로 할 것인가?', '기존 방식과 어떻게 차별화할 것인가?'와 같은 고민은 단순한 업무 수행을 넘어, 스스로 문제를 해결하는 주체가 되도록 만들었다. 그 결과, P사의 영업 방식은 단순히 고객을 관리하는 차원을 넘어, 영업 지역 전체의 시장 잠재력을 극대화하는 전략적인 방식으로 변화했다.

위의 두 사례에서 보았을 때 리더의 신호가 갖춰야 할 조건은 크게 두 가지다.

첫 번째는 도전적인 경험을 부여하라는 것이다. 그러기 위해서는 월터가 필름을 찾는 모험을 떠난 것처럼, 직원들에게 새로운 방식의 업무와 역할을 부여해야 한다. 그리고 P사의 영업본부장이 "이력서를 업데이트하세요"라고 했듯이, 직원들이 기존의 틀을 벗어나 스스로를 돌아볼 기회를 제공해야 한다.

두 번째는 직원의 가능성을 믿으라는 것이다. 숀 오코넬이 월터에게 "네가 직접 깨달아야 한다"고 했듯이, 리더는 구성원들이 스스로 성장할 수 있도록 기다려 주고 격려해야 한다. P사의 리더가 "누구든 도전할 수 있으며, 우리는 그 가능성을 믿는다"고 신뢰를 표했듯이, 믿음을 바탕으로 한 신호는 구성원들에게 성장 동력이 된다.

리더는 단순히 업무 지시를 하는 존재가 아니다. 리더가 보내는 작은 신호 하나가 직원들의 내면을 움직이고, 성장 기회를 제공하며, 조직 전체의 혁신을 이끌어낼 수 있다. 우리는 '리더십'을 위대한 비전과 강력한 카리스마로만 생각하는 경향이 있다. 그러나 구성원들의 성장을 이끄는 리더십은 '신호'에서 시작된다. 단순한 업무 지시가 아니라, 성장 기회를 제공하고. 구성원의 잠재력을 믿으며, 그들이 스스로 문제를 해결하도록 기다려 주는 것이 리더가 해야 할 가장 중요한 역할이다.

필름을 찾아 떠난 여행이 월터의 삶을 바꾼 것처럼, P사 직원들이 자신의 역량을 새롭게 발견하며 성장한 것처럼, 리더가 던진 신호 하나가 조직문화를 바꾸고, 혁신을 만들어낸다. 그리고 그 변화는 결국, 진짜 리더의 가치를 증명하는 증거가 된다.

5. 리더의 신호는 철학을 품고 있다

커뮤니케이션은 스킬이 아니라 철학이다

기업의 핵심 가치는 곧 조직의 정체성과 같다. 핵심 가치는 조직이 어떤 목적을 가지고 운영되는지, 어떤 기준으로 의사 결정을 내리는지를 확실히 보여준다. 또한 구성원들이 일관된 방향성을 가지고 업무를 수행할 수 있도록 도와준다. 핵심 가치란 단순한 슬로건이 아니라, 조직 내 모든 사람이 행동으로 실천해야 할 원칙이다. 그래서 핵심 가치가 명확치 않거나 형식적으로만 존재하는 기업은 급변하는 환경에 흔들리기 쉽다

AI와 디지털 전환 시대에는 조직의 미션과 비전 달성을 위해 구성원들이 빠르게 변화해야 한다. 예측이 불확실한 환경 속에서 기업이 유연하게 대응하기 위해서는 리더가 핵심 가치를 기반으로 계속 소통을 해야 한다. 리더의 커뮤니케이션이 일관되지 않으면, 구성원들은 혼란을 겪고 조직의 응집력은 약해진다. 반대로, 리더가 핵심 가치를 체계적으로 전달하고 실천하면, 조직은 급변하는 환경에서도 흔들림 없이 나아갈 수 있다.

그러나 핵심 가치는 선언만으로는 조직에 뿌리내릴 수 없다. 가령, "우리는 윤리적이다"라고 말하는 것만으로 윤리성이 실현되는 것은 아니다. 리더가 실제로 실행하고, 조직 내부에 체화되도록 커뮤니케이션할 때, 비로소 그것은 의미를 가진다. 기업은 핵심 가치를 어떻게 실행하느냐에 따라 성공과 실패가 극명하게 갈린다. 대표적인 사례가 스타벅스(Starbucks)와 엔론(Enron)이다.

스타벅스는 단순한 커피 브랜드가 아니다. '사람 중심(People First)'과 '사회적 책임'을 핵심 가치로 삼고, 이를 제품과 경영 방식, 고객 경험에 일관되게 적용함으로써 세계적인 기업으로 성장할 수 있었다. 스타벅스의 창립자이자 전 CEO인 하워드 슐츠(Howard Schultz)는 단순히 커피를 파는 것이 아니라, 책임 있는 기업 운영을 통해 사회적 가치를 창출해야 한다고 강조하고, 그것을 직원들이 지속적으로 실천하도록 하는 데 앞장섰다. 그 결과, 스타벅스는 다음과 같은 방식으로 사회적 책임을 실천했다.

첫째, 윤리적인 원두 구매 정책을 실천했다. 'C.A.F.E(Coffee and Farmer Equity) Practices'라는 기준을 만들어 스타벅스는 지금까지도 공정무역 원두를 적극적으로 구매하고 있다. 커피 농가의 노동 환경을 개선하고, 지속 가능한 농업을 지원하기 위한 실천을 지속적으로 하고 있는 것이다. 둘째, 스타벅스는 정규직뿐 아니라 파트타임 직원에게도 의료 혜택과 학비 지원을 제공하는 정책을 도입했다. 셋째, 단순한 임시 노동이 아니라, '바리스타도 하나의 커리어가 될 수 있다'는 인식을 심어줌으로써, 직원들이 자긍심을 가지고 일할 수 있는 문화를 구축했다.

스타벅스는 이와 같은 사회적 책임을 일관되게 실천함으로써 고객과 투자자로부터 깊은 신뢰를 얻었다. "스타벅스의 커피 한 잔을 구매하면, 더 나은 세상을 만드는 데 기여한다"는 메시지로 브랜드 충성도도 높였다. 이는 단순한 마케팅이 아니라, 리더가 핵심 가치를 실제 경영에 반영하고, 조직에 내재화했기 때문에 가능했다.

스타벅스와 달리, 엔론은 핵심 가치를 조직문화에 반영하지 못하고 실패한 대표적인 사례다. 엔론은 한때 미국에서 가장 혁신적인 기업으로 평가받았다. 에너지, 금융, 인터넷 등 다양한 사업으로 확장하며 빠르게 성장했고, 경영진은 '정직', '존중', '탁월함', '혁신'을 핵심 가치로 내세웠다. 그러나 실제 조직문화는 정반대였다.

리더는 핵심 가치를 조직문화에 전혀 반영하지 않았다. 그 결과, 조직 내부는 부패와 비윤리적인 문화가 만연한 지경에 이르렀다. 또한 엔론은 직원들에게 단기적인 이익 창출을 최우선 목표로 강요했다. 실적이 낮은 직원은 강제 퇴출당하는 'Rank&Yank 시스템'을 도입해 윤리보다는 경쟁과 실적만 강조하는 문화를 만들었다. 경영진은 핵심 가치 중 하나로 '정직(Integrity)'을 내세웠지만, 실제로는 투명성 부족과 회계 부정으로 실적을 조작했다. 엔론은 수익을 과장하고 부채를 숨기는 회계 기법을 사용하여 투자자와 시장을 속였다.

게다가 윤리적인 문제를 발견하더라도 이를 보고할 수 있는 체계조차 없었고, 내부고발자는 보복을 당하는 환경이었다. 이러한 문화 속에서 직원들은 회사의 핵심 가치를 신뢰하지 않았고, 결국 조직 전체가 도덕적 해이에 빠졌다. 그리고 회계 부정이 밝혀지면서 엔론은 결국 2001년에 파산했다. 미국 역사상 최악의 기업 스캔들이었다. 투자자들은 막대한 손실을 입었고, 직원들은 하루아침에 실직했다. CEO와 주요 경영진은 사기 및 회계 조작 혐의로 기소되어 법적 처벌을 받았다. 이후, 미국에서는 기업 투명성을 강화하기 위해 '사베인스-옥슬리법(Sarbanes-Oxley Act)'이 제정되었다.

참고로 '사베인스-옥슬리법'은 회계 부정에 대해 강력히 처벌할 수 있는 내용을 담은 미국의 기업 회계 개혁법이다. 법안 정식 명칭은 '상장회사의 회계 개선 및 투자자 보호법'으로, 법안 발의자인 폴 사베인스 민주당 상원의원과 마이클 옥슬리 공화당 하원의원의 이름을 따서 제정됐다. 이 법은 회계 감시를 강화하기 위해 회계감독위원회(PCAOB)를 설립하고, 기업 경영진이 회계 장부에 오류가 있을 경우 처벌받도록 규정하고 있다. 회계감독위원회는 5명의 위원으로 구성되고, 기업들의 회계를 감사하며, 기업들이 윤리 규정을 채택하도록 종용하는 역할을 한다. 이 법의 제정으로 인하여 일부 기업들의 재무제표만 조사할 수 있었던 증권거래위원회(SEC)는 거의 모든 대기업들의 재무제표를 감사할 수 있게 됐다.

이는 단순한 회계 부정 사건이라기보다는 리더가 핵심 가치를 조직문화에 반영하지 못하고 방치한 결과, 기업이 어떻게 몰락하는지를 보여주는 사례다. 핵심 가치는 이처럼 실행될 때만 의미가 있다. 스타벅스와 엔론 사례는 핵심 가치가 조직의 성공과 실패를 결정하는 핵심 요소라는 점을 명확히 보여준다. 스타벅스는 리더가 사회적 책임을 실행하여 브랜드 신뢰를 쌓았고, 지속 가능한 성장을 이뤄냈다. 반면 엔론은 핵심 가치를 선언만 하고 조직문화에 반영하지 않으면서 내부적으로 붕괴했고, 결국 파산했다.

핵심 가치 실현에 있어 질문의 유용성

리더는 핵심 가치를 실제 경영과 커뮤니케이션에 반영해야 한다. 그렇지 않으면, 기업의 운명이 엔론처럼 비극적인 결말을 맞을 수도 있다. 그렇다면 어떻게 해야 핵심 가치를 행동으로 연결할 수 있을까? 그 해답은 리더의 질문 속에 있다.

조직에서 핵심 가치를 뿌리내리려면 리더가 효과적인 질문을 던져 구성원들이 가치를 체화하도록 유도해야 한다. 리더가 올바른 질문을 던질 때, 핵심 가치는 단순한 구호가 아니라 구성원들의 행동을 변화시키는 실질적인 기준이 된다. 결국, 핵심 가치를 조직 내에서 실행 가능하게 만드는 것은 리더의 커뮤니케이션에 달려 있는 것이다.

필자가 근무했던 다국적 제약 회사 화이자(Pfizer)는 핵심 가치로 '윤리성(Integrity)', '고객 중심(Customer Focus)', '혁신(Innovation)'을 지향하고 있다. 그 기업의 리더는 채용과 승진 인터뷰에서 다음과 같이 구조화된 질문을 사용한다.

① '윤리성'에 관한 질문: 직원들이 올바른 가치관을 의사 결정의 기준으로 정립하고 행동하는지 확인한다.

Ex: "어려운 상황에서도 윤리적인 결정을 내린 경험이 있습니까?"

이 질문은 단순히 윤리성을 강조하는 것을 넘어, 실제 경험을 통해 윤리적 선택이 조직의 신뢰와 지속 가능성을 어떻게 강화하는지 이해하게 한다. 그리고 다음과 같은 꼬리 질문을 통해 이 과정을 더욱 깊이 탐색한다.

- 그 결정을 내리기 위해 어떤 요소를 고려했나요?
- 비윤리적인 선택을 할 경우 어떤 결과가 발생할 수 있었나요?
- 이 경험이 본인의 업무 방식에 어떤 영향을 미쳤나요?

이러한 대화를 통해 윤리성이 단순한 도덕적 원칙이 아니라, 실제적인 의사 결정 기준임을 조직 구성원들에게 인식킨다. 그곳에서는 매니저나 임원의 승진 대상자에게 이 질문들이 필수였다.

② '고객 중심'에 대한 질문: 고객 니즈에 중심을 두고 실천했는지 가늠한다.

Ex: "고객(의사, 환자, 병원 등)의 요구 사항과 회사의 목표가 충돌했을 때, 어떤 결정을 내리셨나요?"

이 질문은 단순히 고객 만족을 강조하는 것이 아니라, 실제 업무에서 고객 중심적인 사고를 어떻게 적용했는지 점검하는 데 초점을 맞춘다. 그리고 이어지는 꼬리 질문을 통해 실행 과정을 더 구체적으로 살펴본다.

- 고객 니즈를 충족시키기 위해 어떤 대안을 고려했나요?
- 고객과 회사 목표를 조화롭게 맞추기 위해 어떤 전략을 사용했나요?
- 고객의 피드백을 반영한 결과, 어떤 긍정적인 변화가 있었나요?

이러한 대화를 통해 리더는 구성원들에게 고객 중심적인 사고가 단순히 구호가 아니라, 구체적인 행동으로 실천될 때 진정한 가치를 발휘함을 인식시킨다.

③ '혁신'에 관한 질문: 변화를 주도하는 문화 정착에 기여하였는지 검증한다.

Ex: "기존 방식을 개선하거나 새로운 아이디어를 도입하여 변화를 만든 경험이 있나요?"

혁신은 기업이 지속적으로 성장하기 위한 필수 요소지만, 실행하는 것은 쉽지 않다. 이곳의 리더는 혁신을 강조하는 것만으로는 부족하다는 생각에 실제 사례를 묻는다. 그리고 구성원들에게 변화의 필요성을 느끼도록 유도하기 위해 다음과 같은 추가 질문을 던진다.

- 기존 방식에 어떤 문제가 있었고, 이를 어떻게 개선했나요?
- 변화를 실행하는 과정에서 가장 큰 장애물은 무엇이었으며, 이를 어떻게 극복했나요?
- 혁신적인 아이디어가 조직에 어떤 영향을 미쳤나요?

이러한 질문을 통해 화이자의 리더는 구성원들에게 혁신이 단순히 창의적 사고가 아니라, 실제 행동을 통해 실현될 때 조직의 경쟁력을 높이는 요소임을 강조한다.

핵심 가치는 기업의 미션(존재 이유)과 비전(목표)이 현실에서 작동하도록 하는 실천적 기준이다. 많은 기업이 미션과 비전을 선언한다. 하지만 이를 실현하기 위해 핵심 가치를 명확히 정의하고 지속적으로 커뮤니케이션하지 않는다면 직원들의 공감을 얻기 어렵다.

기술과 정보의 변화가 가속화될수록 조직 내 커뮤니케이션의 중요성은 더욱 커진다. 핵심 가치를 기반으로 한 리더의 철학적 커뮤니케이션은 조직의 학습 역량을 강화하고, 창의적 문제 해결이 가능한 문화(Culture Fit)를 조성한다. 결국 리더가 보내는 신호가 조직 전체의 방향을 결정하는 것이다 그런 의미에서 본다면, 리더는 단순히 말을 잘하는 사람이 아니라, 구성원들에게 일관되게 소통하여 핵심 가치를 체화하도록 문화의 조성에 앞장서는 사람이다. AI 시대에도 변하지 않는 원칙이 있다. 신뢰와 가치 기반의 커뮤니케이션이 조직을 움직이는 강력한 힘이라는 점이다.

6. 리더의 신호는 조직문화를 구축한다

MLB의 한 야구팀과 넷플릭스의 공통점

"돈이 좋은 것은 많은 걸 할 수 있다는 거지. 야구계의 편견과 고정관념을 깔아뭉갤 수 있는 사치도 누리게 해주니까. 오래된 틀을 깨려면 아픔이 따르지. 우리에게 필요한 것은 다른 관점에서 보는 것이야."

이는 2011년 개봉한 영화로, 잘생긴 브래드 피트가 주연을 맡은 '머니볼'의 한 장면에 나온 대사다. 이 영화는 MLB 야구팀 오클랜드 애슬레틱스(Oakland Athletics)의 실제 사례를 다뤄 큰 관심을 끌기도 했다. 영화에서 빌리 빈(Billy Beane) 단장은 스카우터들과 회의를 하며 새로운 선수 평가 방식을 도입하려 한다. 빌리는 기존의 메이저 야구 공식이 아닌, 통계와 데이터를 기반으로 선수를 분석하고 평가하는 방법을 도입한다. 이것이 바로 '세이버매트릭스(Sabermetrics)', 즉 과학적 야구 통계 기법이다. 오크랜드 구단은 이를 활용해 선수들의 출루율 데이터를 기반으로 타 구단에서 사실상 방치된 선수들을 발굴하려 한다. 이 과정에서 많은 반발에 부딪친다.

이제까지 MLB(미국 메이저리그)는 자본력을 이용하여 선수의 스타성과 외모와 나이를 기준으로 선수를 기용해 왔다. 하지만 빌리는 팀이 성공하기 위해서는 새로운 학습과 협력을 통한 변화가 필요하다는 신념을 고수한다. 몸값이 싼 선수를 영입하여 육성해야 하는 이유도 차근차근 설명한다. 그 결과, 그의 리더십은 MLB의 관점을 완전히 바꾼다. 빌리 빈은 경험과 직관에 의존하던 MLB의 전통적인 방식에서 벗어나, 데이터와 통계를 기반으로 팀을 운영한다. 영화 속에서 그는 통계 전문가 피터 브랜드와 협력하여 선수들의 퍼포먼스를 과학적으로 분석하고, 이를 통해 저평가된 선수들을 발굴해 팀 승리에 큰 기여를 하도록 이끈다.

이러한 혁신적인 접근 방식이 영화에서만 이루어지는 것은 아니다. 실제로 기업 환경에서도 유사한 사례가 있다. 대표적인 예가 넷플릭스(Netflix)다. 넷플릭스는 전통적인 미디어 산업의 성공 방식이 아닌, 데이터를 활용한 맞춤형 추천 알고리즘을 기반으로 콘텐츠 소비 패턴을 분석했다. 과거에는 할리우드의 대형 스튜디오들이 큰 예산을 투입하여 인기 배우와 감독을 중심으로 영화와 드라마를 제작하는 방식이 주류였다. 하지만 넷플릭스는 이용자의 시청 기록을 분석하고, 이를 기반으로 맞춤형 콘텐츠를 제작하는 전략을 선택했다.

넷플릭스의 CEO 리드 헤이스팅스(Reed Hastings)는 "우리는 고객이 무엇을 원하는지 직접 묻지 않는다. 데이터를 통해 고객이 보여주는 행동을 분석할 뿐이다"라며, 데이터를 중심으로 한 혁신의 중요성을 강조했다. 이 전략은 '하우스 오브 카드' 같은 오리지널 콘텐츠의 성공으로 이어졌고, 기존의 미디어 산업에 지각 변동을 가져왔다. 빌리 빈이 야구 산업에서 새로운 방식을 도입하며 팀을 변화시킨 것과 유사한 혁신 사례라 할 수 있다.

멀리 가려면 함께 가라

빌리 빈은 팀원들이 새로운 게임 방식을 배우고 따라오기를 원했다. 이를 위해 그는 팀원들을 '선구안' 훈련에 집중하도록 했다. '선구안'이란 투수가 던진 공 중에서 타자가 볼과 스트라이크를 가려내는 능력을 말한다. 1루 출루율을 높여 득점으로 연결시키려는 전략이었다. 그리고 개별 훈련이 끝나면 자신의 훈련 경험을 서로 나누고, 코치로부터 피드백을 받는 학습 과정을 반복했다. 개별 훈련을 팀워크에 접목하기 위함이었다. 하지만 팀 내에서 각자의 역할을 존중하고, 협력 문화를 조성하기란 쉬운 일이 아니었다.

넷플릭스도 마찬가지였다. 기존의 전통적인 제작 방식에 익숙한 업계 관계자들은 새로운 방식에 회의적이었다. 그래서 넷플릭스는 직원들에게 자율성을 부여하고, 실패를 두려워하지 않는 학습 문화를 조성해 변화에 적응할 수 있도록 지원했다.

리더는 변화의 방향을 제시하고, 구성원들이 새로운 방식에 적응할 수 있도록 돕는 핵심적인 역할을 한다. 빌리 빈이 기존 야구계의 틀을 깨고 새로운 전략을 도입한 것처럼, 기업에서도 리더는 조직이 혁신할 수 있도록 환경을 조성해야 한다. 넷플릭스의 리드 헤이스팅스가 강력한 리더십을 발휘하여 전통적인 미디어 제작 방식에서 벗어나 데이터를 활용한 전략을 수립하고, 이를 조직 전반에 확산시킨 이유도 여기에 있다.

리더는 변화를 강요하는 것이 아니라, 구성원들이 변화를 자연스럽게 받아들이도록 소통하고 협력해야 한다. 빌리 빈이 팀원들과 끊임없이 소통하며 변화를 설명하고 협력을 유도했던 것처럼, 기업의 리더 또한 데이터 기반의 의사 결정, 지속적인 학습, 협업 문화를 조성하여 조직이 변화의 물결 위에서 살아남을 수 있도록 이끌어야 한다.

앞에서 소개한 '머니볼'의 실제 사례였던 MLB 야구팀 오클랜드 애슬레틱스는 결국 아메리칸 리그 역사상 최초로 20연승을 기록하며 빌리 빈의 전략이 성공했음을 입증했다. 그리고 넷플릭스 역시 전통적인 미디어 산업의 흐름을 바꾸며 전 세계의 콘텐츠 강자로 자리 잡았다. '머니볼'의 마지막 장면에서 빌리는 자신의 픽업 트럭을 운전하면서 자신의 집으로 향한다. 딸이 준 녹음 CD를 틀자, 렌카(Lenka)의 '더 쇼(The Show)'가 흘러나온다. 새로운 방식을 도입하는 과정에서 그는 수많은 도전에 맞서야 했지만, 결국 변화의 신호를 따르는 것이 조직을 성장시키는 길임을 증명해 냈다.

이처럼 리더의 역할은 변화의 신호를 포착하고, 이를 구성원들과 공유하며, 그들의 협력을 이끌어내는 것이다. 혁신적인 조직문화는 우연히 만들어지는 것이 아니다. 리더의 통찰력과 실행력, 그리고 구성원들과의 끊임없는 소통과 협력이 조직을 변화시키는 원동력이 된다.

당신은 변화의 신호를 읽고, 조직을 새로운 방향으로 이끌고 있는가?

7. 리더의 신호는 통합된 조직을 만든다

리더의 신호는 단순히 말이나 행동이 아니라, 조직의 생존과 성장을 좌우하는 강력한 도구다. 위기 상황일수록 리더의 메시지는 더욱 중요해진다. 명확하고 강렬한 신호는 혼란 속에서도 조직을 하나로 묶고, 구성원들에게 결속과 방향성을 제시한다. 이러한 리더의 힘은 역사적 사례에서도 확인할 수가 있다. 영국의 윈스턴 처칠(Winston Churchill)과 미국의 에이브러햄 링컨 대통령(Abraham Lincoln)의 사례는 리더의 신호가 조직에 미치는 영향을 잘 보여준다.

외부 공격에 맞선 처칠의 강력한 신호

먼저 윈스턴 처칠을 보자. 그는 단합의 신호로 조직을 결속했다. 1940년, 제2차 세계대전 당시 영국은 독일 공군의 무차별 공습으로 혼란에 빠졌다. 협상파와 공격파 간의 갈등으로 내각이 분열하며 정치적 위기가 고조되었고, 국민들 사이에서도 패배에 대한 공포가 퍼졌다. 이러한 위기 속에서 총리였던 윈스턴 처칠은 그 유명한 연설, "우리는 싸울 것이다. 해변에서, 상륙장에서, 들판에서 싸울 것이다. 결코 항복하지 않을 것이다"를 통해 명확하고 강력한 신호를 보냈다. 이는 두려움 속에서도 국민들에게 용기와 희망을 불어넣고, 내각의 결속을 이끌어낸 단합의 신호였다.

처칠의 리더십은 구체적인 행동으로도 이어졌다. 덩케르크 철수 작전에서 그는 민간 선박까지 동원해 30만 명 이상의 병사를 구출했다. 이는 단순한 군사적 작전이 아니라, 국민들에게 자부심을 심어준 상징적인 사건이었다. 처칠의 명확한 메시지는 전쟁의 흐름을 바꾸고, 국민과 내각이 하나로 뭉쳐 위기를 극복하는 데 핵심적인 역할을 했다.

내부를 결속시킨 에이브러햄 링컨의 담대한 신호

윈스턴 처칠이 외부의 위협에 맞선 사례라면, 에이브러햄 링컨 대통령은 내부 갈등을 해결하고 조직을 결속시킨 사례라 할 수 있다. 1861년, 미국은 남북전쟁이라는 극심한 내분에 직면했다. 북부와 남부의 이념적, 경제적 갈등이 최고조에 이르자 국가 전체는 분열되고, 남북전쟁으로 인해 사상자와 피해가 급증하자 국민들의 사기는 그야말로 바닥을 쳤다. 이 시기에 링컨은 국민들에게 '노예 해방'이라는 대담하고 명확한 신호를 보냈다.

"모든 인간은 평등하게 태어났다"는 그의 선언은 단순히 이상적인 구호가 아니었다. 그는 노예제를 폐지함과 동시에 국가의 단합을 도모했고, 모든 국민이 같은 이상을 갖도록 했다. 특히, 1863년 게티즈버그 연설(Gettysburg Address)에서 그는 "국민의, 국민에 의한, 국민을 위한 정부는 이 땅에서 사라지지 않을 것"이라는 말로 전쟁의 목표를 명확히 하고, 국민들에게 단합과 희망의 씨앗을 심어 주었다.

링컨의 리더십은 단순히 말로 끝나지 않았다. 그는 의회와의 긴밀한 협력, 군대의 전략적 운영, 그리고 민심을 결속시키기 위한 다양한 정책을 통해 자신의 비전을 실현해 나갔다. 이러한 노력은 단순히 전쟁에서의 승리를 넘어, 미국이라는 국가의 기반을 새롭게 정의하는 계기가 되었다.

앞의 윈스턴 처칠과 에이브러햄 링컨의 사례는 리더가 보내는 신호가 조직에 얼마나 큰 영향을 미치는지를 잘 보여준다. 처칠은 국민들에게 "우리는 싸울 것이다"라는 강렬한 메시지로 전쟁의 위기를 극복하게 했고, 링컨은 "모든 인간은 평등하다"는 이상을 통해 분열된 국가를 단합시켰다. 두 리더의 공통점은 명확하고 강력한 메시지를 통해 구성원들에게 방향성을 제시하고, 단합과 결속을 이끌어냈다는 것이다.

현대 조직에서도 리더의 신호는 중요한 역할을 한다. 대규모 조직 개편이나 산업 변화의 순간에 리더가 명확한 비전을 제시하지 못한다면, 구성원들은 혼란과 불안 속에서 갈등을 겪을 수밖에 없다. 반면에 리더가 "이 변화는 우리 조직의 미래를 위한 필수적인 과정입니다"라는 명확하고 긍정적인 메시지를 전달한다면, 구성원들은 자신들이 변화의 중요한 주체라는 자부심을 갖고 더 큰 책임감을 가지게 된다.

 리더의 신호는 조직의 심장을 뛰게 하고, 구성원들이 자신의 가치를 발견하도록 하며, 개인의 잠재력을 조직의 역량으로 결집시킨다. 처칠과 링컨의 사례는 위기 상황에서 리더가 보내는 신호가 얼마나 중요한지, 그것이 조직의 운명을 어떻게 바꿀 수 있는지 명확히 보여준다. 리더의 신호는 조직을 연결하는 힘이며, 조직을 지속 가능한 미래로 이끄는 가장 중요한 요소임을 잊어서는 안 될 것이다.

2장

신호 수용의 전제조건, 심리적 안전감

1. 심리적 안전감이란 무엇인가?

심리적 안전감이 주는 효과

2008년, 구글은 한 가지 질문을 던졌다.
"어떤 팀이 최고의 성과를 내는가?"
그런데 우수한 인재를 확보하고, 최고의 기술을 갖춘 팀이 반드시 성과가 좋은 것이 아니었다. 어떤 팀은 협업이 원활하고 창의적인 아이디어가 넘쳤지만, 어떤 팀은 뛰어난 개개인이 모였음에도 실적이 저조했다.

그래서 구글은 '아리스토텔레스 프로젝트(Project Aristotle)'라는 연구를 시작했다. 5년 동안 180개 팀을 조사했다. 결론은 놀라웠다. 팀의 성과를 결정 짓는 가장 중요한 요인은 팀원들의 '심리적 안전감(Psychological Safety)'이었다. 심리적 안전감이 높은 팀에서는 팀원들이 자신의 의견을 자유롭게 말할 수 있었다. 반면에 심리적 안전감이 낮은 팀에서는 회의 시간에 침묵이 흐르고, 실수를 인정하는 것이 두려운 분위기였다.

직원들은 조직에서 수많은 문제를 해결해야 한다. 그런데 '실수하면 비난받지는 않을까?', '이 아이디어를 냈다가 바보처럼 보이면 어쩌지?'라는 두려움을 가진다면, 어떻게 될까? 자연스레 입을 다물게 된다.

당신의 조직은 어떤가? 팀원들이 두려움 없이 의견을 내고, 실수를 학습의 기회로 삼는 문화인가? 이 질문에 자신 있게 "그렇다"라고 답할 수 없다면, 당신 조직은 성장의 기회를 놓치고 있을 가능성이 높다.

심리적 안전감이란, 팀원들이 처벌이나 비난의 두려움 없이 의견을 자유롭게 표현할 수 있는 환경을 뜻한다. 이 개념을 처음 제시한 하버드 경영대학원의 에이미 에드먼슨(Amy Edmondson) 교수는 다음과 같이 말했다.

"심리적 안전감이 높은 조직에서는 직원들이 실수를 인정하고, 위험을 감수하며, 적극적으로 아이디어를 공유한다."

그렇다면 심리적 안전감과 흔히 혼동될 수 있는 신뢰와의 차이점은 무엇일까? 신뢰(Trust)는 "나는 당신을 믿는다"와 같이 개별적인 사람들 간의 관계에서 형성된다. 심리적 안전감은 "이 조직에서는 솔직하게 말해도 괜찮다"와 같이 팀과 조직 전체의 문화적 요소다. 즉, 신뢰는 개인적인 관계에서 형성되지만, 심리적 안전감은 팀 전체가 공유하는 조직문화의 특성을 갖는다.

그렇다면 심리적 안전감이 높은 팀과 낮은 팀은 어떤 차이를 보일까?

[사례 1] 심리적 안전감이 낮은 팀

한 글로벌 제약 기업에서 A팀은 뛰어난 인재들로 구성된 팀이었다. 하지만 이 팀에서는 실수를 하는 순간 리더에게 질책을 받았다. 회의에서는 상사가 던지는 질문에 아무도 대답하지 않았다. 대부분의 직원이 조용히 상황을 지켜봤다. 결국 이 팀은 정체된 성과를 보였다. 창의적 아이디어도 거의 나오지 않았다.

[사례 2] 심리적 안전감이 높은 팀

반면에 같은 회사의 B팀은 분위기가 달랐다. 리더는 항상 "좋은 아이디어는 어디서든 나올 수 있어요. 틀려도 괜찮아요. 일단 말해봐요!"라고 격려했다. 팀원들은 실수를 배움의 기회로 삼았고, 서로 솔직하게 피드백을 주고받았다. 그 결과, B팀은 혁신적인 프로젝트를 연이어 성공시켰다.

이 차이는 어디에서 오는 걸까? 심리적 안전감이 있는 팀에서 사람들은 '위험을 감수하고 말할 수 있는 환경'에 있다고 느끼기 때문이다.

심리적 안전감의 7가지 요소

에이미 에드먼슨 교수는 심리적 안전감을 측정하는 7가지 기준을 제시했다. 이는 우리가 심리적 안전감을 높이는 데 실질적인 지침이 된다.

1. 팀 내에서 실수를 하면 처벌받을까? 심리적 안전감이 낮은 팀에서는 실수를 숨기려는 경향이 있다. 반대로 안전한 팀에서는 실수를 배움의 기회로 삼는다.
2. 이 팀에서는 어려운 문제도 자유롭게 논의할 수 있는가? 팀원들이 문제를 숨기지 않고 논의할 수 있어야 한다.
3. 이 팀에서는 내 의견이 존중받는다고 느끼는가? 리더가 구성원들의 의견을 진지하게 듣고, 긍정적으로 반응하는 것이 중요하다.
4. 이 팀에서는 서로가 다르다는 것을 인정하는가? 다양한 배경과 생각을 존중하는 문화가 필요하다.
5. 이 팀에서는 내가 어려움을 겪을 때 동료들에게 도움을 요청할 수 있는가? 안전한 팀에서는 도움을 요청하는 것이 약점을 드러내는 것이 아니다.
6. 이 팀에서는 직급과 관계없이 솔직하게 피드백을 주고받을 수 있는가? 직급에 상관없이 자유롭게 피드백을 주고받을 수 있어야 한다.
7. 이 팀에서는 혁신적인 아이디어가 환영받는가? 창의적인 의견을 장려하는 조직은 지속적으로 성장한다.

리더는 심리적 안전감이 높은 분위기를 만들어야 한다. "우리 팀에서는 자유롭게 이야기할 수 있다"는 문화를 만들기 위해서는 리더가 먼저 다음과 같은 신호를 보내야 한다.

- 솔직한 피드백을 환영하는 태도
- 실수를 배움의 기회로 만드는 문화
- 아이디어를 자유롭게 개진하도록 장려하는 리더십

심리적 안전감은 조직의 성과를 결정 짓는 핵심 요소다. 리더인 당신은 어떤 문화를 만들고 있는가? 곰곰이 생각해볼 일이다.

2. 왜 심리적 안전감인가?

심리적 안전감 유무의 차이

심리적 안전감이 부족한 조직은 무엇을 잃고 있을까?

H그룹의 P팀장과 6명의 경영지원실 팀원들이 '영업부의 운영 효율화 프로젝트' 회의에 참석하고 있었다. 이 프로젝트 회의는 매주 화요일 10시에 시작되었고, 오늘이 3주차 회의였다. 각 팀원이 맡은 업무의 진도를 설명하며 필요한 지원 사항이나 협력 요청을 발표하고 있었다. 그러나 팀장의 표정은 어두웠다.

"진짜 솔직하게 내게 할 말 있는 사람 있어?"

갑작스러운 질문에 모두들 눈치를 보며 침묵했다. 한참 후, K과장이 조심스럽게 손을 들었다.

"음, 사실은 프로젝트 진행 방향에 대해 의문이 있는데요. 제 생각엔 좀 더 시간을 두고 계획을 수정하는 게 좋을 것 같습니다."

"시간이 더 길어지면 우리가 마감일을 어긴다는 거 모르나?"

팀장은 미간을 찌푸리며 나무라듯 말했다. 그 순간, K과장의 얼굴은 하얗게 질렸고, 그 후 9차까지 진행된 회의에서 한 번도 의견을 내지 않았다. 그가 생각해낸 개선 아이디어는 결국 프로젝트가 실패한 후에야 조직 내에서 회자되었다.

이처럼 심리적 안전감이 없는 조직에서는 누구나 위축될 수밖에 없다. 하지만 팀원들이 입을 닫는 순간, 조직은 성장과 혁신의 기회를 잃는다.

심리적 안전감은 디지털 트랜스포메이션 시대에 필수 요소다. 변화와 불확실성이 큰 뷰카(VUCA) 시대, 즉 디지털 전환과 같이 급변하는 환경에서는 리더가 모든 것을 혼자서 해결하는 것이 불가능하다. 특히 MZ 세대처럼 디지털 기술에 능숙한 직원들이 심리적 안전감을 느껴야 그들의 창의적인 아이디어를 조직 발전에 활용할 수 있다.

심리적 안전감이 조직에 미치는 영향은 지대하다. 무엇보다 직원들의 창의성과 문제 해결 능력을 향상시킨다. 심리적 안전감이 높은 조직은 팀원들이 자신의 생각을 자유롭게 표현하고, 실패를 두려워하지 않는다. 이는 창의적 아이디어의 발현과 문제 해결 능력의 향상을 가져온다. 반면, 부정적인 피드백을 받을까 두려워하는 조직에서는 직원들이 새로운 아이디어를 내는 것을 꺼린다. 결국 혁신이 사라지게 된다.

심리적 안전감이 높은 조직은 외부의 화를 잘 수용할 뿐만 아니라 집단 지성도 강화된다. 조직 내 다양한 관점이 통합되지 않으면 문제 해결 능력이 제한된다. 이때 리더가 다양한 의견을 포용하면, 최적의 해결책을 도출할 수 있다. 하지만 심리적 안전감이 결여된 환경에서는 직원들이 자신의 관점을 드러내지 않는다. 당연히 리더는 중요한 판단 기회를 놓치거나 오판을 하게 된다.

심리적 안전감을 주는 신호가 중요하다

그렇다면 심리적 안전감을 조성하기 위해 리더는 무엇을 해야 할까? 존중과 지지는 심리적 안전감 조성에 필수다. 직원들이 자유롭게 의견을 표현할 수 있도록 경청하고, 정적인 피드백을 제공해야 한다. 리더가 직원의 아이디어를 진지하게 받아들이고, 논리적으로 검토해 주는 것이 중요하다.

그러기 위해서는 감정적 반응을 자제하고, 팩트 중심의 문제 해결 태도를 유지해야 한다. 감정적으로 반응하면 직원들은 위축되기 쉽다. 현장에서 직원들의 현실적인 어려움을 듣고 지원하는 자세도 필요하다. 아울러 실패를 장려하는 신호, 즉 실패를 두려워하지 않고 새로운 시도를 할 수 있는 환경도 조성해야 한다.

과거 영업본부장 시절에 필자는 '먼쓰리-디브리핑(Monthly Debriefing) 회의'를 '베스트 프랙티스의 날(Best Practice Day)'로 변경한 적이 있다. '디브리핑 회의'는 영업 목표에 대한 결과를 낱낱이 분석하는 활동이었다. 미진한 결과를 얻은 직원들은 움츠려 들었고, 동료들은 그 자리에 있는 것을 힘들어했다.

반면에 '베스트 프랙티스의 날'은 직원들이 자신의 영업 활동 중

가장 잘한 부분을 소개하는 자리였다. 직원들은 눈에서 불을 뿜고, 목소리에도 자신감이 실렸다. 동료들은 박수와 환호를 보냈고, 팀의 리더들은 그들의 성공을 칭찬했다. 이것은 실패를 학습의 기회로 삼도록 장려하는 계기가 되었다. 회의 형태와 이름만 바뀌었을 뿐인데도 직원들은 심리적 안전감을 느끼고, 자유롭게 의견을 나누거나 토론할 수 있는 환경이 조성된 것이다.

최근 기업에서 MZ 세대와의 소통 강화가 화두다. MZ 세대가 혁신적 아이디어를 제시할 수 있는 존재로 인식되고 있기 때문이다. 하지만 그들이 심리적 안전감을 느끼지 못한다면 어떻게 되겠는가? 그들은 적극적으로 의견을 내지 않을 것이다. 하지만 리더가 적극적으로 경청하고, 수용하는 자세를 보이면 그들은 더 적극적으로 조직에 기여하게 된다. 따라서 리더는 직원과 마주 앉아 눈을 맞추고 경청하는 태도를 보이며 '지금 이 시간, 나는 오직 당신의 의견을 듣고 싶다'는 신호를 지속적으로 보내야 한다.

이럴 때 심리적 안전감은 조직의 혁신을 만든다. 심리적 안전감은 조직의 창의성과 성과를 높이는 데 필수적인 요소다. 리더는 존중, 지지, 문제 해결, 실패 장려 등의 태도를 통해 조직의 혁신과 발전을 이끌 수 있다. "지식이 높으면 돋보이지만, 태도가 좋으면 존경받는다"라는 말이 있다. 리더의 태도는 조직의 미래를 결정하는 중요한 신호가 된다.

3. 심리적 안전감이 혁신을 가져온다

우리는 산업혁명 이후 가장 빠르고 급격한 변화를 경험하고 있다. AI, 클라우드 컴퓨팅, 빅데이터, 자동화 기술 등이 급속도로 발전하면서 이제 기업들은 새로운 환경에 적응해야만 생존할 수가 있다. 이러한 변화를 디지털 트랜스포메이션(Digital Transformation, DX)이라고 한다.

그러나 디지털 트랜스포메이션은 단순히 기술을 도입하는 것만으로 이루어지는 것이 아니다. 조직문화, 사고 방식, 일하는 방식의 전환이 필수다. 디지털 트랜스포메이션의 주요 특징은 다음과 같다.

- 불확실성이 높다: 기술 변화 속도가 워낙 빨라 예측이 어렵다.
- 실험과 실패가 필요하다: 혁신을 위해서는 다양한 시도가 필수적이다.
- 지속적인 학습이 요구된다: 변화하는 기술을 빠르게 습득해야 한다.

이러한 환경에서 조직이 생존하고 성장하기 위해서는 심리적 안전감이 반드시 필요하다. 왜 그럴까? 심리적 안전감이 디지털 혁신을 가능하게 하는 이유를 알아보자.

디지털 혁신에도 심리적 안전감이 필요하다

디지털 시대에는 단 하나의 정답만 존재하지 않는다. 수많은 가설을 세우고 실험을 반복하며 새로운 해결책을 찾아야 한다. 그러나 여전히 많은 조직에 실패를 용납하지 않는 문화가 존재한다. '실패하면 성과 평가에서 불이익을 받지 않을까?', '이 아이디어가 틀리면 내가 무능해 보이지 않을까?'라는 두려움이 존재하면 직원들은 도전을 피하고 혁신은 탄생할 수 없다.

심리적 안전감이 높은 조직은 실패를 배움의 과정으로 받아들인다. 불확실성과 급격한 변화 속에서도 '실패할 자유'가 있어야 혁신이 탄생한다. 넷플릭스는 직원들에게 자율과 책임을 부여하고, 실패를 학습의 기회로 여긴다. 그들이 실행하고 있는 AI 기반의 추천 알고리즘, 오리지널 콘텐츠 제작 등이 여러 실험적 시도를 통해 시장을 주도하고 있다. 실패를 두려워하지 않는 문화가 있었기에 넷플릭스는 혁신이 가능했던 것이다.

최근 유행하고 있는 애자일(Agile) 조직도 심리적 안전감이 뒷받침하기에 가능한 것이다. 디지털 트랜스포메이션 시대에 기업들은 유행처럼 애자일 방식을 도입하고 있다. 애자일 조직은 빠른 실행과 반복적 피드백을 통해 제품과 서비스를 개선한다. 애자일 조직에서 심리적 안전감이 중요한 이유는 팀원들이 솔직하게 의견을 내지 못하면, 잘못된 방향으로 프로젝트가 진행될 수 있기 때문이다. 조직 내 위계질서가 강하면, 하위 직원들은 상사의 결정에 반대 의견을 제시할 수 없다. 팀원들이 서로 피드백을 주고받지 못하면, 애자일 프로세스의 장점은 사라진다.

구글은 애자일 방식을 기반으로 한 스크럼(Scrum) 방식을 운영하며 팀원들이 자유롭게 아이디어를 교환할 수 있도록 하고 있다. '틀려도 괜찮아. 일단 시도해보자'라는 문화가 자리 잡고 있다. 그 덕분에 실패를 학습의 과정으로 여기고, 빠른 개선을 통해 지속적으로 성장하고 있다.

심리적 안전감은 학습 조직(Learning Organization)을 만드는 데에도 관여한다. 디지털 시대에는 끊임없는 학습이 조직의 생존을 결정한다. 신기술과 새로운 트렌드가 계속 등장하는 상황에서 학습하지 않는 조직은 도태될 수밖에 없다.

학습 조직은 팀원들이 서로 배우고 성장하는 환경을 제공한다. 하지만 심리적 안전감이 없는 조직에서는 사람들이 질문을 하거나 새로운 지식을 공유하는 것을 꺼린다. MS는 CEO 사티아 나델라가 취임한 후, 조직문화를 'Know-it-all(모든 것을 아는 조직)'에서 'Learn-it-all(모든 것을 배우는 조직)'으로 전환했다. 직원들이 모르는 것을 인정하고, 배움을 추구하는 것을 강점으로 인정했다. 덕분에 AI, 클라우드, 사물인터넷(IoT) 등 디지털 혁신 분야에서 빠르게 성장할 수 있었다. 결론적으로 심리적 안전감이 높은 조직에서는 질문과 토론이 자유롭게 이루어진다. 또한 새로운 기술을 배우고 적용하는 속도가 빠르며, 조직이 지속적으로 성장한다.

심리적 안전감을 형성하는 리더의 행동 방식

리더는 조직이 심리적 안전감을 형성하는 데 핵심 요소다. 그렇다면 디지털 시대에 리더는 어떻게 행동해야 할까?

첫째, 실패를 허용하고 배움의 기회로 삼아야 한다. 실수한 팀원을 비난하는 대신 "경험을 통해 우리는 무엇을 배울 수 있을까요?"라는 질문을 던져야 한다.

둘째, 팀원들이 솔직하게 말할 수 있는 환경을 만들어야 한다. "괜찮습니다. 솔직하게 이야기해도됩니다"라는 신호를 지속적으로 보내야 한다.

셋째, 끊임없이 학습하는 문화를 조성해야 한다. "모든 것을 알 필요가 없습니다. 함께 배웁시다"라는 태도를 보여주어야 한다.

이에 대해 필자는 다음과 같은 실천 팁을 제시한다.

- 회의에서 "이 아이디어의 단점은 무엇일까요?"라는 질문을 통해 다양한 의견을 수용한다. 이는 팀원들이 단점에 대해 솔직하게 이야기할 수 있도록 돕고, 비판을 허용하는 문화를 조성하는 데 중요한 역할을 한다.
- 팀원들이 자신의 실수를 공유하고, 이를 통해 배운 점을 발표하도록 한다.

디지털 시대의 혁신은 심리적 안전감에서 시작된다. 기업들은 끊임없는 변화와 혁신을 요구받고 있다. 기술보다 더 중요한 것이 바로 '사람'이다.

3. 작은 성공이 심리적 안전감을 심어준다

월요병을 치유하는 근본적인 방법

일요일 저녁이 되면 직장인들 대부분은 묘한 불안감을 느낀다. 주말이 끝나는 아쉬움보다 다가오는 월요일 출근이 두렵기 때문이다. 어떤 이는 주말 내내 밀린 업무를 생각하고, 또 어떤 이는 마주할 부담스러운 상사에 대한 스트레스를 떠올린다. 특히 월요일 아침의 주간 미팅을 생각하면, 마음이 무거워지는 직원들이 많다. 한 직장인은 이렇게 말한다.

"왕 부장님 얼굴만 떠올려도 한숨이 납니다. 매번 실수만 지적하시고, 회의 분위기를 너무 딱딱하게 만드시니 잘하고 싶은 마음도 사라집니다."

이런 직장인들에게 월요일은 너무나도 버겁다. 그렇다면 직원들이 출근하고 싶은 월요일로 만들 수는 없을까? 쉽지 않겠지만, 리더십과 조직문화의 변화가 그 열쇠가 될 수 있다.

조직문화는 조직 내에서 자연스럽게 형성된 신념, 행동 양식, 가치관 등을 말한다. 조직문화는 구성원들이 일상 업무에서 어떻게 소통하고, 협력하며, 문제를 해결해 나가는지를 결정하는 중요한 요소다. 이는 규칙이나 매뉴얼 이상의 것이다. 구성원들 간의 상호 작용 방식, 일에 대한 태도, 성과를 어떻게 평가하는지 등 모든 것을 포함한다.

어떤 조직에서는 실패를 학습의 기회로 여기고, 도전 정신을 권장한다. 반면에 어떤 조직은 실패를 용납하지 않고, 실수한 사람을 비난하는 분위기가 만연하다. 전자는 창의적이고 생산적인 문화를 조성할 가능성이 높지만, 후자는 구성원들의 사기를 꺾고, 발전을 저해할 개연성이 크다. 따라서 심리적으로 안전한 조직문화를 형성하는 것은 그 조직의 성공에 필수 요소다.

조직문화를 형성하는 가장 중요한 요소로 리더십을 들 수 있다. 리더십이 중요한 이유는, 리더가 조직의 중심에서 다른 구성원들에게 모범이 되기 때문이다. 리더가 어떤 가치를 중요하게 여기고, 어떤 태도로 문제를 처리하느냐에 따라 조직 내 다른 사람들도 그 행동을 따라하게 마련이다. 따라서 리더십은 조직문화의 방향을 결정하는 가장 중요한 요소라 할 수 있다.

리더십은 단순히 지시를 내리고 목표를 설정하는 것이 아니라, 구성원들이 안전하게 자신의 의견을 내고 도전할 수 있는 환경을 만든다. 리더가 어떻게 행동하느냐에 따라 조직의 분위기는 크게 달라진다. 왕 부장처럼, 구성원들의 실수를 비난하고 지적하는 리더는 팀의 사기를 떨어뜨린다. 직원들은 자신의 실수를 두려워하게 되고, 그 두려움은 업무 능률을 떨어뜨리며, 창의적인 시도를 포기하게 만든다. 반면에 심리적 안전감을 제공하는 리더는 실수를 학습의 기회로 여기고, 구성원들이 자유롭게 아이디어를 내고 도전하게 한다.

작은 성공이 만드는 커다란 기적

하버드 경영대학원의 테레사 애마빌(Teresa Amabile) 교수는 2011년에 직장인들의 성공 경험이 업무 성과에 미치는 영향을 연구했다. 그녀는 '진전의 원리(The Progress Principle)'를 통해 직장에서 경험한 작은 성공이 구성원들의 생산성과 행복감을 증진시키는 데 큰 역할을 한다고 주장했다.

'진전의 원리' 연구를 위해서 애마빌 교수는 238명의 직장인을 대상으로 12,000개 이상의 업무 일지(Daily Work Diary)를 수집하여 분석했다. 분석 결과, 직원들의 업무 동기와 창의성과 생산성에 가장 큰 영향을 미친 요소는 '큰 성과'나 '거대한 혁신'이 아니라, 하루하루의 작은 성공(Progress)이었다. 즉, 일의 진행 상황에서 작은 개선이 있을 때, 사람들은 가장 만족감을 느끼고, 더 열정적으로 업무에 임했다. 반면에 작은 좌절이 지속될 경우, 직원들은 빠르게 동기를 잃고, 생산성이 하락했다.

애마빌 교수의 연구에서는 IT 기업의 한 소프트웨어 개발팀을 분석한 사례가 등장한다. 이름하여 '코딩팀의 업무 일지 연구'다. 이 팀은 코딩 작업이 순조롭게 진행될 때는 개발자들이 높은 동기와 창의성을 발휘했지만, 코드 오류가 반복되거나 해결되지 않은 문제가 많아지면 팀원들의 사기가 급격히 저하되었다.

이러한 상황에서 팀 리더가 개발 과정을 작은 단위의 성공으로 쪼개어 피드백을 주는 방식으로 바꾸자, 팀원들의 동기부여가 크게 증가했다. 예를 들어, 매일 아침 팀 리더는 '어제 해결한 문제 3가지'를 리뷰하며 팀원들의 성취감을 강조했고, 작은 해결책을 축하하는 자리를 만들었다. 그 결과, 개발자들은 매일 작은 성취를 실감하고, 장기적인 프로젝트의 어려움 속에서도 동기를 부여하여 더 높은 성과를 낼 수 있었다.

이 사례는 작은 성공이 어떻게 지속적인 동기를 만들어내는지를 잘 보여준다. 작은 성공은 그 자체로 구성원들에게 성취감을 주며, 자신이 하는 일이 의미 있고 진전이 있다고 느끼게 한다. 이 감정은 결국 더 나은 성과로 이어진다. 중요한 점은 이 작은 성공이 꼭 큰 성과가 아니라, 일상적인 업무에서 느끼는 작은 성취여도 충분하다는 것이다. 이처럼 구성원들은 리더나 동료들이 자신의 실패를 비난하기보다는 함께 문제를 해결하려는 태도를 보일 때, 심리적 안전감을 느낀다.

직장에서 직원들은 종종 불편 사항을 알면서도 그냥 지나치곤 한다. 조직 내에서 변화나 개선을 요구하는 행동이 소란을 일으킬 수 있다는 두려움 때문이다. 하지만 이런 두려움 없이 솔직하게 자신의 의견을 제시할 수 있는 조직에서는 문제를 개선할 수 있는 기회가 만들어진다. 그리고 이는 심리적 안전감이 뒷받침된 조직에서만 가능하다.

필자는 글로벌 제약사인 P의 사업운영전략 부서에 근무하면서 심리적 안전감의 중요성을 직접 체험한 적이 있다. G대리가 업무 개선 제안을 한 사례가 대표적이다.

G대리는 사내 부부로, 지방 영업소에서 근무하는 남편과 주말에만 만나는 상황이었다. 그러던 어느 날 그녀가 팀 회의에서 자신의 개인적 경험을 바탕으로 시간을 절약할 수 있는 개선안을 제안했다.

"주말에 모처럼 남편을 만나는 시간에, 서류 작성 때문에 시간을 많이 소비합니다. 비용 정산 서류를 작성하는 데 건당 최소 20분이 걸리고, 동일한 내용을 다른 시스템에 다시 입력하는 데 추가로 20분을 더 씁니다. 우리 회사 영업부 직원이 600명이나 되는데, 그들은 이 불필요한 작업에 매번 20분씩 낭비하고 있는 상황입니다. 시스템에서 중복된 업로드 이것 하나만 개선되도 큰 차이를 만들 수 있을 것입니다."

그녀는 주말에도 서류 작성을 하는 불편함을 개선하자고 제안하고 있었다. G대리의 제안은 개인적인 불편함에서 비롯된 것이었지만, 그 본질은 사내 전반의 업무 효율성 문제에 관한 것이었다. 그녀의 제안에 회사는 직원들이 비용 정산을 이중으로 하지 않도록 전산 프로세스를 개선하는 것으로 화답했다. 그 결과, 연간 1,000시간 이상의 시간 낭비를 줄일 수 있었다. 이는 회사 입장에서는 생산성을 높이는 중요한 성과였고, 직원들 입장에서는 불편함을 덜어주는 조치였다. 이로 인해 직원들의 소속감과 충성심은 자연스레 높아졌고, 업무 만족도 역시 상승했음은 물론이다.

여기서 중요한 점은 G대리가 이러한 의견을 두려움 없이 솔직하게 제시할 수 있었다는 것이다. 조직 분위기가 위계적이고, 실수나 제안을 강하게 비판하는 문화라면, 그녀는 이러한 의견을 제시하기 어려웠을 것이다. 하지만 P사는 심리적 안전감이 보장된 조직문화를 가지고 있었다. 직원들은 자신의 생각이나 불편함을 자유롭게 표현할 수 있었고, 궁극적으로 이로 인해 조직 전체의 생산성과 분위기가 향상될 수 있었던 것이다.

조직문화를 바꾸는 '진전의 원리'

그렇다면 왜 '진전의 원리'가 중요할까? 진전의 원리는 단순한 심리적 만족감을 넘어, 조직의 생산성과 창의성 협업 문화 전반에 영향을 미치기 때문이다. 이를 통해 우리는 다음과 같은 점을 배울 수 있다.

첫째, 작은 성공이 지속적인 동기를 만든다는 것이다. 사람들은 거대한 목표보다는 작은 목표를 달성했을 때 더 큰 만족감을 느낀다. '내가 무언가를 이루었다'는 생각이 들면, 업무의 의미가 강화되고, 더 큰 도전에 나설 동기가 생긴다. 한 연구에 따르면, 단 1%의 진전만 있어도 사람들은 무기력에서 벗어나 긍정적인 감정을 느낀다고 한다.

둘째, 심리적 안전감과 결합하면 효과가 극대화된다. 작은 성공을 경험하려면 '심리적 안전감'이 필수적이다. 실수에 가혹한 문화를 가진 조직에서는 직원들이 새로운 시도를 하지 않고, 안전한 선택만 하게 된다. 반대로, 실수를 배움의 기회로 인정하는 조직에서는 작은 성공이 쌓이며 창의성과 도전 정신이 강화된다.

셋째, 목표를 세분화하면 '성취 속도'가 빨라진다. '1년 동안 10kg 감량하기'보다는 '매일 30분 걷기'라는 작은 목표를 설정하는 것이 훨씬 더 지속 가능하다. 업무에서도 마찬가지다. 장기적인 목표를 작은 단계로 나누면, 구성원들이 더 쉽게 성취감을 느끼고 집중력을 유지할 수 있다.

그렇다면 리더나 조직은 '진전의 원리'를 어떻게 적용할 수 있을까?

첫째, '작은 성공'을 축하하는 문화를 만든다. 구글에서는 직원들의 작은 성과를 축하하는 문화가 있다. 예를 들어, 팀원들이 특정 문제를 해결하면, 이를 공유하고 칭찬하는 'Kudos Board'를 운영하여 성취감을 강화한다. 이런 작은 인정과 피드백은 직원들의 몰입도를 높인다.

둘째, '데일리 체크인(Daily Stand-up)'을 도입한다. 애자일 방식을 도입한 기업은 매일 짧은 미팅을 통해 어제의 작은 성취와 오늘의 목표를 공유한다. 이를 통해 팀원들은 매일의 작은 성과를 실감하고, 목표를 잃지 않게 된다.

셋째, '실패'를 성장의 일부로 인정한다. 진전의 원리는 단순히 성공만을 의미하는 것이 아니다. 실패에서도 배움이 이루어진다면, 그것도 하나의 진전이다. 예를 들어, 글로벌 기업인 '파타고니아(Patagonia)'는 직원들에게 혁신적인 아이디어를 실험할 기회를 주고, 실패한 경우에도 학습한 내용을 공유하도록 장려한다. 이 때문에 직원들은 도전을 두려워하지 않고, 작은 성공과 실패를 모두 성장의 일부로 받아들인다.

심리적 안전감이란, 직원들이 자신의 생각을 솔직히 표현하더라도 불이익이나 비난을 받을 걱정이 없다는 것을 의미한다. 구성원들이 자신을 보호하기 위해 침묵하거나 눈치보지 않고, 문제를 적극적으로 개선할 수 있도록 돕는 환경이 조성될 때, 회사는 더 나은 성과를 낼 수 있다. 심리적 안전감이 높은 조직에서는 더 많은 제안이 나오고, 그 제안들이 모여 더 나은 변화를 만들어 낸다. G대리의 사례처럼, 작은 의견이 조직에 큰 변화를 가져오는 것이다.

심리적 안전감이 보장된 조직에서는 구성원들이 더 쉽게 작은 성공을 경험할 수 있다. 리더는 직장에서 큰 성공만을 바라기보다 작은 제안과 개선이 만들어내는 변화를 놓치지 말아야 한다. 그러면 직원들은 실수를 두려워하지 않고, 새로운 시도를 통해 성장할 기회를 얻는다. 실수 역시 성공으로 가는 과정의 일부로 여기며, 이러한 분위기에서 구성원들은 자신감을 가지고 더 적극적으로 업무에 임하게 된다.

앞서 소개한 왕 부장의 이야기로 돌아가 보자. 왕 부장과 같은 리더가 팀원들의 작은 성공을 인정하고, 실수를 기꺼이 감싸주는 조직문화라면, 직원들이 심리적으로 안전감을 느껴 진전의 원리가 작동하고, '출근하고 싶은 월요일'이 되지 않을까?

4. 상황에 맞는 리더십이 심리적 안전감을 준다

상황에 어울리지 않는 행동은 절대 금물!

"오늘처럼 더운 날씨에 제가 겨울 파카를 입고 있다면, 여러분은 어떤 생각을 할까요?"

리더십 챌린지 수업에서 한 교수가 학생들에게 물었다.

"어디 아프신 모양이다. 감기 걸리셨나 보다. 뭔가 좀 이상하시다고 생각할 것입니다."

학생들은 대체로 이런 대답을 내놓았다. 그날 서울 날씨는 섭씨 28도였다.

이렇게 상황에 맞지 않는 행동을 하면, 자신의 의도와 다르게 다른 사람들이 잘못 이해할 때가 많다. 섭씨 28도의 날씨에 겨울 파카를 입고 나타나는 교수라니. 학생들이 그가 감기 등으로 몸이 아프고 정상적인 상태가 아닐 거라고 생각하는 것은 어쩌면 너무나도 당연하다.

리더들도 이런 상황에 처할 때가 있다. 자신의 의중을 구성원들이 왜곡해서 받아들이지 않도록 하려면 그 상황에 적합한 행동이 필요하다. 리더십은 행동 변화를 통해서 어떤 성과를 창출하는 과정이라고 할 수 있다. 이때 중요한 점이 리더와 구성원들 간에 놓인 상황이 리더십 효과를 조절하는 변수가 된다는 것이다. 즉, 상황에 따라 리더의 행동은 달라야 하고, 그에 따라 구성원들과의 관계도 달라진다는 뜻이다.

필자가 한 코칭 세션에서 만난 이 박사는 S기업의 R&D 센터장이었다. 센터의 연구 프로젝트를 워낙 꼼꼼히 관리하는 스타일이다 보니 직원들은 그녀를 독한 박사, 줄여서 '독사'라고 불렀다. 그녀는 프로젝트 진행 과정을 거의 매일 점검하고, 간혹 계획보다 늦어지면 밤낮없이 일을 해서라도 스케줄을 맞추도록 요구했다. 연구원들은 이럴 때마다 '독사에 물렸다'며 수군거렸다. 그곳 연구원들 대부분은 박사 학위를 가진 전문가 그룹이었다. 이들은 격주 간격으로 새로 나온 논문을 서치하여 발표하고 토론하면서 업계의 트렌드를 파악하고 현업에 적용하려고 애쓰고 있었다.

그런데 최근 R&D 센터에 문제가 발생했다. 여러 프로젝트 진행이 약속이라도 한 듯 늦춰졌다. '독사'의 간섭은 더욱 집요해졌고, 급기야 연구 진행 상황과 연구 결과를 허위로 보고하는 사태까지 벌어졌다. 더 심각한 것은 실력 있는 선임 연구원들의 이직률이 전년 대비 25%나 증가했다는 것이다. 그들은 의지가 꺾이고, 비전이 없다며 회사를 떠났다.

상황이나 요구에 맞는 유연성이 답이다

　필자는 이와 전혀 다른 경험을 한 적이 있다. 이직 후 글로벌 1위 제약 기업의 영업본부장 직책을 맡아 출근한 첫날, 사장인 존이 나를 불렀다. 그는 에스프레소 더블 샷을, 필자는 따뜻한 아메리카노를 마시며 가벼운 얘기로 대화를 시작했다. 그는 2년 전 한국 지사장으로 임명되었을 당시의 이야기를 들려줬다. 그는 한국에서 노동 생산성과 사업 효과성을 한 단계 끌어올리겠다고 상사에게 포부를 밝혔다고 했다. 생산성은 주로 생산 공정의 표준화를 확립하는 것이고, 사업 효과성은 영업과 마케팅 관리의 개선에 초점을 둔 것이었다. 설명은 자세하고 친절했다. 존의 말이 끝나자 필자는 지금 여기서 새로운 세상을 얻은 것 같다고 말한 후, 당신의 방향성을 충분히 이해하고, 그에 맞는 영업 전략을 펼치겠다고 화답했다.

　이윽고 그는 우리 회사가 당면하게 될 과제를 설명했다. SWOT 분석한 프린트 자료도 건네주었다. 먼저 그는 글로벌 선진 시장의 동향을 짚어 주었고, 한국 제약 시장의 주요 변화 트렌드 몇 가지를 설명해 주었다. 필자는 이 회사가 분석된 정보를 기반으로 시장에 접근하고 있음을 직감했다. 상황 인식을 상사의 경험과 통찰에 의존했던 이전 회사의 방법과는 사뭇 달랐다. 끝부분에서 그는 주어진 상황에 따라 우리 회사가 얻게 될 사업 기회와 리스크까지 이해하기 쉽고 자세하게 설명해 주었다.

　이 80여 분 동안 존과의 미팅은 나를 완전히 매료시켰다. 필자는 노조와의 협상에서 너무나도 단호하고 강한 그를 직원들이 무서워하고 있다고 들었었다. 하지만 그날 그의 말과 행동은 필자에게 강한 자신감과 의지를 심어 주었다. 또한 그는 시장과 고객에 대한 전략을 수립할 때는 글로벌 시장과 같이 넓은 차원에서 시작하여 한국 시장과 같이 좁은 차원으로 분석해 들어가야 한다는 세세한 가르침까지 주었다. 하나씩 차근차근 실천한다면 존의 기대에 맞출 수 있겠다는 생각이 들었다.

존은 내가 영업 본부장이라는 고위 경력직이었에도 불구하고 나를 상황상 초보자로 간주한 것이었다. 그런 상황 판단에 따라 그는 나의 능력과 의지를 북돋아주기 위해 세세하게 가르쳐주고, 친절하게 설명까지 해준 것이었다. 지금 그때를 돌이켜보면 나는 '잘못하면 어떻게 하지?'라는 심리적 불안감이 들지 않았던 것 같다. 이처럼 리더는 처한 상황에 따라 행동이 달라져야 한다. 이것을 흔히 '상황적 리더십'라고 한다. 이렇게 심리적으로 안정감을 주는 리더의 행동은 직원들에게 자신감을 심어 주고, 그들의 숨겨진 잠재능력을 이끌어낸다.

다시 R&D 센터장에게 돌아가 보자. 그 센터장이 상황적 리더십을 발휘하려면 어떻게 해야 했을까? R&D 센터는 석·박사로 구성된 전문가들 집단이다. 그들과 함께 비전을 공유하고, 믿고, 맡기고, 기다렸다면 이직률이 그렇게 높아지지는 않았을 것이다. 선임 연구원들의 능력을 믿고 자율적으로 프로젝트를 진행하도록 맡기고, 그 결과가 나올 때까지 기다리는 편이 더 효과적인 방법이지 않았을까? 그랬다면 그들은 상사로부터 인정받고 있다는 심리적 상태에서 소속감이 높아졌을 것이다. 소속감이 높아지면 업무를 더 잘 마무리하겠다는 책임감도 높아졌을 것이다. 실제로 수많은 연구 결과들이 이들의 상관관계를 증명하고 있다.

    리더십 스타일은 상황이나 요구에 맞게 유연성이 필요하다. 앞에서 사례로 든 R&D 센터장은 선임 연구원들에게 권한을 위임했어야 마땅하다. 28도의 날씨에 겨울 파카는 결코 어울리지 않기 때문이다.

5. 리더가 심리적 안전감에 투자해야 하는 이유

2018년, 글로벌 제약 기업 R사의 인도 법인에서 있었던 일이다. 그 회사는 당시 경영자 회의에서 '영업 효과성 개선 프로젝트'를 추진하기로 결정했다. 이 프로젝트는 두 가지 목적을 위해 계획되었다. 첫째는 충성고객의 방문 빈도를 파악하는 것이었고, 둘째는 신제품 '일카'의 포지셔닝을 점검하는 것이었다.

충성고객의 방문 빈도를 파악하는 것은 자원을 보다 효율적으로 배분해 장기적인 성과를 달성하기 위한 전략이었다. 이와 동시에 이 프로젝트는 회사 내부의 중요한 요소를 시험대에 올렸다. 그것은 바로 팀원들이 '심리적 안전감'을 느끼고 있는지 여부를 평가하는 일이었다.

회사의 전략은 신제품 '일카'의 차별성을 의사에게 전달하고, 처방으로 연결하는 것이었다. 당시, 프로젝트를 이끈 스리돈(Sreedon)은 많은 경험을 가진 SFE(Sales Force Effectiveness) 팀의 매니저였다. 이 프로젝트는 6개월간 진행되었고, 그 성공 여부는 두 사업부장, 즉 백신사업부장 스레쉬(Suresh)와 1차 의료사업부장 쉐카(Shekar)의 협력에 달려 있었다. 프로젝트를 맡은 스리돈은 두 사업부장의 협력을 끌어내야 했다. 하지만 이 두 사람의 스타일은 정반대로 극과 극이었다.

처음부터 프로젝트는 순조롭지 않았다. 7주째 금요일 오후, 스리돈은 운영전략본부장에게 SOS를 보냈다. 스레쉬 팀이 승인을 제때 하지 않아서, 프로젝트가 '일시 멈춤' 상태였기 때문이다. 스레쉬는 사소한 결정까지 모두 보고받기를 원했고, 팀원들에게는 자율성과 신뢰를 주지 않았다. 이로 인해 팀원들은 자신이 실수할까 두려워 주도적으로 행동하지 못했다.

스레쉬 팀의 영업부장 라자(Raja)는 이렇게 말했다.

"나는 영업부장이지만 자율성도 없고, 마치 꼭두각시처럼 일하고 있어요. 실수할까 두렵고, 리더가 나를 믿지 않는다는 느낌을 받습니다."

라자는 새로운 도전에 적응하지 못한 채 좌절하고 있었다. 스레쉬의 과도한 통제는 직원들이 능력을 발휘할 기회를 빼앗았고, 더 나아가 성장까지 가로막았다. 그 때문에 영업부장인 라자는 잔뜩 풀이 죽어 있었다.

반면에 쉐카는 전혀 달랐다. 그는 자신의 영업부장에게 전적으로 권한을 위임했고, 그 결과 프로젝트는 아무 문제없이 진행되었다. 그의 팀은 심리적 안전감을 느끼며 자유롭게 자신의 의견을 내놓았고, 창의적이고 주도적인 방식으로 프로젝트를 수행하고 있었다. 쉐카 팀의 영업부장은 스리돈에게 프로젝트 진행 방안에 대해 역제안까지 할 정도로 자신감에 차 있었다.

프로젝트가 끝난 후 쉐카 팀의 영업부장은 "그때 제 의사 결정 능력이 한층 더 향상되었다는 것을 느꼈습니다. 실수에 대한 두려움보다는 프로젝트 성공에 대한 책임감이 더 커졌죠"라고 회상했다. 쉐카가 심리적 안전감을 기반으로 권한 위임과 신뢰를 한 덕분에 팀은 성과를 극대화하고, 팀원들은 사기가 올라갔던 것이다.

이에 대해 스리돈은 다음과 같이 말했다.

"조직의 성과가 협력과 심리적 안전감에 달려 있다는 것을 그때 실감했습니다."

이 사례는 심리적 안전감이 개인과 조직의 성과에 어떤 긍정적 영향을 미치는지 잘 보여준다. 협업은 높은 성과를 유지하고 창의적인 문제 해결 관행을 지속하는 데 필수다. 조직이 다양해지고 업무 환경이 복잡해질수록 심리적 안전감은 더욱 중요한 요소가 된다.

그렇다면 하루라도 빨리 심리적 안전감을 구축하려면 어떻게 해야 할까? 팀원들의 심리적 안전감을 조성하는 데 투자를 해야 한다. 그것이야말로 조직의 협업 역량과 성과를 높이는 출발점이자 구성원들의 역량을 확인하고 성장시키는 계기가 되기 때문이다.

자, 이걸 알았다면 머뭇거릴 시간이 없다. 오늘부터 지금 바로 시작하면 된다.

6. 감정을 알면 동기부여가 가능하다

감정만 인식해도 안전감을 줄 수 있다

H사의 디지털 마케팅을 담당하는 K프로는 그날 회의 내내 팀장의 눈을 피했다. 평소 쾌활하고 아이디어가 넘쳤던 K프로는 조용해졌고, 입을 열어도 짧고 간결한 대답 뿐이었다. 2분기 마케팅 전략 회의가 진행 중일 때, 회의실에는 약간의 긴장감이 맴돌았다. 팀장 J는 테이블 중앙에 앉아 차분한 목소리로 5명의 팀원과 회의를 진행하고 있었지만, 그의 시선은 K프로에게 향해 있었다.

회의 주제는 '웨어러블 인슐린 펌프의 디지털 판매 혁신'이었다. 이제까지는 영업부 직원들이 병원과 대리점을 직접 방문해 판매하는 방식이었다면, 앞으로는 디지털 기술을 통해 간접적으로 소통하는 방식으로의 전환을 시도하고 있었다. 팀장 J는 이 변화의 중심에 디지털 마케팅 팀이 있음을 강조하며 힘주어 말했다.

"우리가 추진하려는 전략은 고객의 마음속에 깊이 들어가는 것입니다. 디지털로 병원이나 대리점을 연결하는 새로운 방식, 그 핵심이 바로 우리 디지털 마케팅 팀의 역할입니다."

J의 말에 회의실 공기가 잠시 무거워졌다. 팀원들은 저마다 노트북 화면을 넘기며 메모하거나 생각에 잠긴 듯한 표정이었지다. 하지만 K프로의 얼굴에는 여전히 어두운 기색이 역력했다. 팀장의 시선이 다시 그를 향하자, 그는 고개를 숙이고 노트북을 두드리기 시작했다. 팀장은 K프로의 반응을 눈치챘으나, 바로 언급하지 않고 다른 질문을 던졌다.

"K프로, 인슐린 펌프의 온라인 광고 전략에 대해 어떻게 생각하세요?"

순간, 회의실이 정적에 휩싸였다. 모두가 그의 대답을 기다리며 그를 바라봤다. K프로는 잠시 망설이다가 입을 열었다.

"저는… 아직 충분히 준비가 안 된 것 같습니다. 더 많은 데이터를 분석해야 할 것 같아요."

그의 목소리에서는 평소의 자신감이 느껴지지 않았다. 창의적인 아이디어로 팀을 이끌던 그였지만, 오늘은 그에게서 그 활기가 느껴지지 않았다.

이때가 바로 리더의 감정 인식이 발휘되는 순간이다. 유능한 리더라면, 이런 작은 변화가 팀원에게 무언가 부담을 주고 있음을 알아차린다. K프로의 불안감을 확인한 팀장 J는 잠시 생각에 잠긴 뒤, 미소를 지으며 부드럽게 말했다.

"괜찮습니다, K프로. 함께 더 고민해 보죠. 중요한 건 같이 해결해 나가는 과정이니까요."

이처럼 상대의 감정을 인식하는 것은 신뢰의 첫걸음이다. 리더는 팀원의 표정, 말투, 행동에서 미묘한 신호를 읽어내고, 이를 통해 팀원이 어떤 상태에 있는지 파악해야 한다. 마치 기상청이 날씨를 예보하듯, 리더는 팀의 감정적 상태를 포착하고, 이를 바탕으로 조직을 이끌어야 한다.

만약 기상청이 연휴에 맑은 날씨를 예보한다면, 단체 채팅방은 여행 계획으로 북적일 것이다. "이번에 어디로 갈까?", "우리 바다 보러 가자!" 같은 대화들이 오가며 모두가 설레고 기대에 부풀 것이다. 맑은 날씨처럼 팀 분위기가 활기찰 때, 리더는 구성원들에게 더 큰 자율성과 신뢰를 부여해 창의성과 효율을 극대화해야 한다.

반면에 기상청이 허리케인이 상륙할 것이라 예보하면 사람들은 급하게 대비에 나선다. 마트에선 생수와 식료품이 동나고, 방송에선 재난 알림이 계속 나올 것이다. 긴장한 시민들은 분주해지고, 불안감에 휩싸일 것이다. 회사가 허리케인의 상륙 같은 위기 상황을 맞았을 때, 리더는 신속한 판단과 명확한 지시로 팀원들에게 안전감을 주어야 한다.

리더십의 숨겨진 무기, 감정 인식

감정 인식은 단순히 눈에 보이는 정보만 파악하는 것을 뜻하는 것이 아니다. 그것은 숨어 있는 감정과 욕구를 이해하고, 이를 바탕으로 팀원들의 마음을 읽는 것이다. 팀원이 회의에서 제시한 아이디어는 리더의 반응에 따라 전혀 다르게 받아들여질 수 있다. 리더가 긍정적인 반응을 보이면, 팀원은 존중받고 있다고 느껴 더 적극적으로 회의에 참여할 것이다. 반대로 부정적인 반응을 보인다면, 팀원은 자신의 의견이 무시되었다고 느껴 더욱 의기소침해질 수 있다. 이처럼 리더의 감정 인식 능력은 팀원의 기분과 반응을 올바르게 이해하고, 이를 통해 원활한 소통을 이루는 중요한 요소다.

사람을 움직이는 가장 강력한 힘은 감정이다. 이를 잘 보여주는 대표적인 것이 바로 광고다. 청소년 금연 광고의 예를 들어보자. 단순히 "담배는 건강을 해친다"는 경고만으로는 큰 변화를 일으키기 어렵다. 그래서 미국 질병관리센터는 금연 캠페인 광고를 감성적으로 접근했다. 광고에는 55세의 션 라이트라는 환자가 병원 침대에 누워 고통스럽게 투병하는 장면이 나온다. 그리고 "나는 14살 때부터 흡연을 시작했고, 40대 중반에 인후암으로 후두를 제거하고, 인공 후두를 삽입하는 과정을 겪었다"고 증언한다. 그의 그런 모습과 함께 가족들이 그를 지켜보며 눈물을 흘리고 있는 모습으로 광고는 끝을 맺는다.

광고를 시행한 후 세계적으로 저명한 의학 저널인 〈란셋(The Lancet)〉에서 이 광고의 성과를 발표한 적이 있었다. 전문가들에 따르면 이 캠페인을 통해 164만 명의 흡연자가 추가적인 금연을 시도했고, 금연 시도율이 12%가량 상승했다고 한다. 470만 명의 비흡연자들이 금연을 추천해서 금연 권고율을 2배가량 높인 것으로 평가되었으며, 결과적으로 17,000명의 죽음을 사전에 예방하는 효과가 있었던 것으로 보고되었다. 이처럼 이성보다 감성에 호소할 때, 근본적인 변화가 나타나는 법이다.

또한 감정 인식은 리더십의 숨겨진 무기이기도 하다. 리더가 팀원의 감정을 이해하고 행동할 때, 팀과의 관계는 깊어지고 조직은 강력한 성과를 내게 된다. 따라서 감정 인식 능력은 리더십의 필수 요소로, 리더가 성장하고 조직을 성공으로 이끌기 위해 반드시 개발해야 할 능력이다.

3장

리더는
어떤 신호를 보내야 하는가?

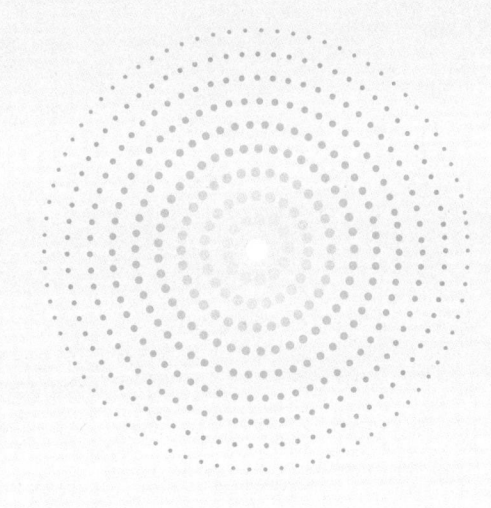

1. 리스크를 예방하는 윤리성

화이자를 성공으로 이끈 윤리경영

글로벌 제약 기업 X사가 자사 제품의 시장점유율을 높이기 위해 의사에게 불법 리베이트를 주고, 의사는 리베이트 금액에 따라 처방량을 조절한다는 내용이 기사화된 적이 있다. 이 기사로 B국가에 있는 X사와 의사들이 불법 리베이트를 주고받고 있다는 사실이 드러난 것이다. 이 사건은 몇몇 기업과 의료인의 비윤리성을 넘어, 헬스케어 산업 전반의 신뢰를 크게 무너뜨리는 결과를 초래했다. 그로 인해 CNN, BBC 등의 뉴스 화면은 시민단체와 소비자들의 규탄 목소리로 가득 찼다. 소비자들은 자신들의 건강이 기업의 탐욕과 부패로 인해 위협받고 있다는 사실에 분노했고, 그 결과 많은 국가에서 제약 산업의 투명성과 윤리성을 재검토하려는 움직임이 일어났다.

그러한 상황에서 2010년 9월, 글로벌 제약 기업 화이자의 CEO 이안 리드(Ian C. Read)는 전 세계 직원들이 참석한 타운 홀 미팅에서 다음과 같이 조직의 윤리성을 강조했다.

"비즈니스 기회와 회사의 윤리규범(Code of Conduct) 간의 이해 상충 관계가 애매한 순간에는 과감히 비즈니스 기회를 버려라. 그것만이 고객과 우리 회사의 명예를 지켜주는 용기 있는 행동이다."

화이자의 영업부 직원들은 CEO의 말에 동의하면서도 우리나라에서 벌어진 일도 아니고 우리 회사가 저지른 일도 아닌데 굳이 이렇게 영업을 힘들게 하느냐며 볼멘 소리를 하기도 했다. 하지만 CEO인 리드는 "인간의 생명 유지를 사명으로 한 제약 회사라면 의료인에게 리베이트를 주는 행위는 불법이고, 절대 금해야 한다"라고 타운홀 미팅이 있을 때마다 윤리강령 실천을 재차 강조했다.

당시 X사는 FDA(미국 식품의약국)에서 신약 허가를 받은 직후라 시장에서 평판이 매우 좋았다. X사의 경영진은 이 여세를 타고 전 제품의 판촉을 강화하는 마케팅 정책을 추진하고 있었다. IMS 헬스케어 컨설팅의 시장조사 통계분석 전문가들은 "X사가 이 같은 성장을 유지한다면, 2~3분기 이내에 1위인 화이자를 추월할 것"이라는 예측까지 내놓았다.

그럼에도 불구하고 화이자의 CEO는 비즈니스 이익보다는 사회적 책임을 우선시하는 결정을 내렸고, 회사는 단기적인 손실을 감수해야만 했다. 화이자의 영업부 직원들은 CEO의 결정을 이해하면서도 자사 제품 사용이 줄어들 거라는 불안감을 여전히 가지고 있었다. 그 와중에도 영업부는 CEO의 강령에 따라 '고객과 회사의 명예'를 위해 불법적인 판촉 행위를 근절해야 한다고 지속적으로 교육을 받아야만 했다.

그러나 시간이 지나자 상황이 달라졌다. 화이자 직원들은 오히려 윤리적인 영업 활동에 자긍심을 느끼고, 회사에 대한 강한 소속감을 가지게 되었다. 은밀한 리베이트 제의를 사전에 거절했음은 물론이다. 그 결과, 화이자는 윤리적 이미지를 바탕으로 고객과 직원으로부터 신뢰를 회복하게 되었고, 이는 곧 성과로 이어졌다. 그 후 화이자는 10년간 업계 1위를 유지했다.

윤리적인 리더는 자신이 먼저 윤리적 행동을 하고, 다른 사람들을 윤리적으로 행동하도록 이끈다. 조직 내에서 명확하고 강력한 윤리적 기준을 세우고, 이를 행동으로 보여주며 팀원들에게 모범을 보인다. 윤리경영을 언급할 때 빼놓을 수 없는 한 사람이 있다. 투자가이자 버크셔 해서웨이의 CEO인 워렌 버펫(Warren Buffet)이다. 그는 윤리적 판단 기준으로 언론 공개의 원칙(Paper Ethic)을 지금까지 실천해오고 있다. 그는 "오늘 나의 선택, 나의 결정, 나의 행동이 내일 아침 조간신문 1면에 실리더라도 부끄럽지 않을 행동이어야 한다"고 강조했다. 그의 양심은 자신이 사랑하는 가족 앞에서도 가장 정의로운 판단 기준이 된다. 실제로 버펫은 투자 판단에서도 기업의 단기 성과보다 그 기업의 투명성과 장기적인 신뢰를 중요시한다.

윤리가 위험을 방지한다

최근 중견기업인 D사에 대한 이야기를 신문 기사에서 본 적이 있다. D사가 심각한 경영난에 빠져 주주들의 강도 높은 구조조정 압박에 직면하자 CEO인 S는 임원진의 전체 급여를 20% 삭감하는 결단을 내렸다. 하지만 이 기업의 사례는 시간이 지나 더욱 씁쓸하게 전개되었다. 임원진의 급여 삭감 후, 1년도 채 지나지 않은 시점에 S가 CFO에게 "제 급여를 원점으로 돌려 놓으세요. 다른 임원들은 모르게 하고…"라고 은밀하게 제안했기 때문이다.

이로 인해 위기 극복을 위해 고통을 함께 나누자던 약속은 산산조각이 나버렸다. 결국, 이런 '윤리적 퇴행'은 조직의 근간을 송두리째 흔들었다. 이 사건을 계기로 유능한 임원들이 하나둘 회사를 떠나기 시작했고, CFO마저 "더 이상 회사의 미래가 보이지 않는다"며 사직서를 제출했다고 한다.

〈하버드 비즈니스 리뷰〉 최신호에 실린 한 연구는 이런 상황을 '윤리적 퇴행의 도미노'라고 명명했다. 그리고 리더의 작은 일탈이 조직 전체의 윤리성을 무너뜨릴 수 있다고 경고했다. '일명 경영자 리스크'로 불리는 이러한 행동은 단순히 한 사람의 일탈로 끝나지 않는다. 기업의 핵심 경쟁력을 무너뜨려 역사의 뒤안길로 끌고 간다.

글로벌 경제가 흔들릴 때마다 항상 언급되는 사건이 하나 있다. 리먼 브라더스 금융위기 사태가 그것이다. 경제상식 코너에서는 '리먼 브라더스 사태'를 이렇게 정리하고 있다.

"2000년 초, 미 연준은 경기 둔화와 실업률이 가파르게 증가하자 경기 부양을 위해 금리를 1% 수준으로 대폭 인하했다. 리먼 브라더스는 신용 등급이 가장 낮은 서브 프라임 모기지(Sub-Prime

Mortgage: 비우량 주택 담보 대출) 대상자에게도 주택 담보 대출을 무리하게 확대했다. 그러자 신용 등급이 낮은 서브 프라임 모기지 대출 비중이 점점 증가했다. 이러한 비정상적인 대출 현상을 영화 '빅쇼트'는 "집주인이 개 이름으로 대출을 받았어요?"라고 비꼴 정도였다. 그런 식으로 투자은행은 시한폭탄을 가지고 있는 형세가 됐다. 그리고 티저 금리의 유효 기간이 끝나면서 금리가 폭등하자 이를 감당하지 못하고 2008년 9월 15일, 158년의 역사를 자랑하던 미국의 대형 투자은행 리먼 브라더스는 파산했다. 이로 인해 글로벌 금융위기는 시작됐다."

위의 정리에서 우리가 주목할 것은 '무리하게 확대', '신용 등급이 낮은', '비정상적인 대출' 같은 용어들이다. 리먼 브라더스에서 부회장을 역임한 로런스 맥도날드는 《상식의 실패》에서 "투자은행의 몰락은 CEO인 리차드 풀드의 잘못된 리더십이 주 원인이었다"고 언급했다. CEO가 성과급에 눈이 멀어서 서브 프라임 모기지의 과다 대출을 결정하는 비윤리적인 행동을 했다는 것이다. 또한 "그는 최고경영진과도 회사의 전략과 정책을 허심탄회하게 터놓고 대화하지 않았다. 그는 비밀주의와 측근주의가 만연했다"고도 폭로했다. 실제로 풀드는 파산 전 4년 동안 총 4억 8,000만 달러(약 7,000억원)의 보수를 챙겼다. 게다가 그는 회사의 파산을 발표한 후 헬스클럽에서 운동을 하다가 분노한 시민에게 폭행을 당하기도 했다. 과연 그를 윤리적인 리더였다고 할 수 있을까?

리더는 자기 자신부터 '윤리적인 인간'이 되려고 노력해야 한다.

리더가 윤리적으로 행동하면, 구성원들도 그렇게 따라한다. 반대로 리더가 비윤리적인 행동을 보이면, 조직 전체가 비윤리적 행동을 따라한다. 리더의 윤리적 신호는 전염성이 강하다. 윤리는 구성원들에게 도덕적 나침반을 제공한다. 윤리적 리더십은 단기적 성과에 얽매이지 않고, 장기적으로 지속 가능한 성공을 추구한다. 구성원들은 이런 윤리적 리더를 존경하고 따르며, 이런 리더십이 작용할 때 조직은 높은 성과를 가져온다.

2. 신뢰를 강화하는 공정성

공정성은 왜 필요할까?

훌륭한 리더와 평범한 리더를 가르는 기준은 무엇일까? 여러 가지가 있겠지만, 필자는 그 기준 중의 하나로 공정성을 꼽는다. 리더는 무엇보다 직원들에게 힘을 솟게 해야 한다. 그래야 높은 성과를 만들어 낼 수 있다. 이때 공정성은 조직 내에서 신뢰와 존중을 구축하여 구성원들이 보다 높은 성과를 내도록 동기를 부여한다.

2001년 콜킷 등 여러 연구자들이 '공정성이 조직 성과에 미치는 영향'에 관한 연구를 한 적이 있다. 이 연구는 25년 동안 수행된 183개의 독립된 연구를 대상으로 메타 분석한 것이었다. 분석 결과, 공정성이 높을수록 직원들은 리더를 신뢰하고, 조직에 대한 애착을 가지는 경향이 강했다. 그리고 리더가 공정한 절차를 따를 때 신뢰는 더욱 강화되었다.

공정성은 절차적 공정성, 분배적 공정성, 상호작용 공정성으로 나눌 수 있다. 절차적 공정성은 의사 결정 과정에서의 공정성을 의미하며, 규칙과 절차가 일관되게 적용되는지를 따진다. 회사가 승진 대상을 선정할 때, 객관적 기준에 따라 투명하게 심사한다면 직원들은 절차적 공정성을 느낀다. 이는 리더에 대한 신뢰를 높이고, 직원들이 공정한 경쟁 속에서 더 높은 성과를 내도록 동기를 부여한다.

분배적 공정성은 결과가 얼마나 공정하게 분배되었는지를 의미한다. 보너스, 승진, 업무 배분 등이 성과와 기여도에 비례해서 이루어진다면 분배적 공정성이 높은 조직이라 할 수 있다. 직원들은 기여한 만큼 보상을 받는다고 느낄 때, 조직에 대한 충성도와 애착을 가지게 된다.

상호작용 공정성은 리더와 구성원 간의 소통 방식과 대우의 공정성을 가리킨다. 리더가 직원들에게 존중과 배려를 담아 피드백을 제공하거나 중요한 정보를 투명하게 공유할 때, 상호작용 공정성은 실현된다. 이러한 공정성은 직원들이 조직에 대한 신뢰와 몰입도를 높이는 데 핵심적인 역할을 한다.

콜키트 등의 연구에서는 절차적 공정성과 분배적 공정성 모두가 직원들의 직무 만족도를 높이고, 직무 성과를 증진시키는 데 기여한 것으로 밝히고 있다. 상호작용 공정성은 직원들이 조직에 몰입하고, 팀워크를 촉진하는 데 중요한 역할을 했다고 한다. 이 연구에서 공정성의 중요성은 문화에 따라 조금씩 다르게 나타났지만, 전반적으로 모든 문화권에서 공정성이 긍정적인 영향을 미친다는 점은 일관적이었다.

제임스 쿠제스(James Kouzes)와 배리 포스너(Barry Posner)는 《리

더십 챌린지》에서 리더십의 본질을 밝히며, 공정성이 리더십의 핵심 요소임을 강조했다. 그들은 리더가 공정한 의사 결정을 지속적으로 실천할 경우, 구성원들이 리더의 신뢰도를 높게 평가한다고 밝혔다. 그리고 공정한 리더는 중요한 의사 결정 과정에서 구성원들의 목소리를 반영하여 조직내 참여와 몰입도를 높이는 데 기여한 것으로 나타났다. 또한, 공정성은 직원들의 자기 효능감을 증대시키고, 팀의 성과를 개선하고 협업을 강화한다고 주장했다. 그리고 리더가 공정한 행동으로 솔선수범한다면, 직원들은 리더의 비전을 따르고 스스로 동기를 부여한다는 점도 실증적으로 밝혔다.

훌륭한 리더는 단순히 의사 결정을 하는 데 그치지 않고, 그 과정이 공정하게 이루어졌음을 명확히 보여줌으로써 조직의 성과를 극대화한다. 이와 같이 공정성은 리더십의 핵심 요소로, 리더가 평범함을 넘어서는 데 필요한 본질적 요소라고 할 수 있다.

공정한 평가는 동기를 부여한다

P사는 매년 11월 둘째 주까지 직원들의 성과 평가를 완료하고, 이를 기반으로 성과 보너스 지급을 결정했다. 성과 보너스는 대개 개인 연봉의 0~45% 범위에서 지급되었다. 2013년, 임원이었던 필자는 매니저 쉐카와 연말 평가 피드백 세션을 진행했다.

필자는 따뜻한 미소로 쉐카를 맞이하며 말했다.

"쉐카, 올 한 해 정말 수고 많았습니다. 특히 메디컬 미팅 플랫폼 런칭 프로젝트는 훌륭했어요. 당신의 리더십 덕분에 성공적으로 마무리할 수 있었습니다."

쉐카는 고개를 끄덕이며 답했다.

"감사합니다, 초반에는 팀 간 의사소통 문제로 어려움이 있었지만, 정기 미팅과 정보 공유를 통해 잘 해결할 수 있었습니다."

필자는 긍정적인 평가와 함께 공정한 피드백을 덧붙였다.

"그 점은 아주 좋았습니다. 하지만 리소스 관리에서는 개선할 여지가 있었습니다. 이를 위해 내년에 워크샵을 계획 중입니다. 어떻게 생각하시나요?"

쉐카는 침착하게 말했다.

"좋은 기회가 될 것 같습니다. 저도 리소스 관리 능력을 더 키우고 싶습니다."

그 후 필자는 쉐카가 제출한 자기평가서를 꺼내 들었다. 그리고 평가 기준에 따라 빨간색 물음표가 표시된 항목에 대해 설명을 요청했다. 쉐카가 그에 대한 설명을 주욱 이어갔다.

"빨간색 물음표 항목에 대해 설명을 잘해주셔서 감사합니다. 우선순위 목표는 잘 달성했어요. 하지만 핵심 가치 실현 부분에서는 개선이 필요합니다. 쉐카의 생각은 어떠신가요?"

필자가 이렇게 묻자 쉐카가 자신의 의견과 향후 계획을 말했다.

"제가 더 협업에 신경 쓰고, 팀원들과 더 긴밀히 소통하겠습니다."

이에 대해 필자는 "제가 피드백을 해도 될까요?"라고 그에게 물어보았다.

직원들은 상사의 톤, 매너, 태도에서 부정적인 감정을 느끼면, 그의 평가까지 불공정하다고 여긴다. 특히 연말 평가 자리에서는 더욱 예민해진다. 상사가 의견을 물으면 직원들은 자신이 존중받고 있다고 느껴 수용도가 올라간다. 특히 평가에 부정적인 요소가 포함되어 있을 경우에는 표현 방법에 더욱 신경을 써야 한다.

그 후 필자는 마지막 단계에서 이렇게 말했다.

"평가 기준은 연초에 공지한 내용과 같습니다. 우선순위 목표 달성률 40%, 핵심 가치 실행 30%, 효율성 개선 20%, 자기개발 노력 10%를 기준으로 적용했습니다."

그리고 이렇게 덧붙였다.

"우선 목표는 잘 달성하셨네요. 축하드립니다. 수고 많으셨습니다. 내년에도 꾸준한 성과를 기대합니다. 다만, 핵심 가치를 실현하기 위한 협업 부분에서는 개선이 필요합니다."

그렇게 나는 '평가 등급'을 알려주고, 결국 쉐카에게 'A'를 주기로 결정했다.

"올해 당신의 노력과 성과는 정말 값졌습니다. 내년에는 더 높은 목표를 함께 이뤄 봅시다."

이 말에 쉐카는 미소를 지으며 답했다.

"감사합니다. 앞으로도 최선을 다하겠습니다."

이 연말 성과 평가 대화는 평가의 공정성이 직원들에게 얼마나 중요한지를 보여준다. 리더는 명확한 기준과 존중하는 태도로 피드백을 해야 한다. 평가가 공정하다고 느낄 때, 직원들은 스스로 동기부여를 하고, 더 높은 성과를 위해 노력하며, 조직에 대한 신뢰를 강화한다

공정성을 유지하기 위해 필요한 것

그렇다면 공정성을 유지하려면 무엇이 필요할까?
무엇보다 객관적 진단이 우선되어야 한다. 리더가 공정성을 유지하는 것은 의사가 환자의 상태를 진단하는 과정과 비슷하다. 가령, 며칠 동안 기침을 하고 고열이 났던 환자가 내과를 찾아왔다고 가정해보자. 의사는 감기와 폐렴을 의심하지만, 정확한 진단을 위해 청진기, 엑스레이, 혈액 검사를 한다. 감기와 폐렴을 구분하지 않고 약을 처방한다면 환자가 나중에 심각한 문제를 겪을 수도 있기 때문이다. 감기는 시간이 지나면 대체로 회복되지만, 폐렴은 좀 더 신중한 치료가 요구되는 질병이기 때문이다.
리더는 조직에서 발생하는 성과나 행동을 정확히 평가하기 위해 객관적이고 신뢰할 수 있는 데이터를 수집하고 분석해야 한다. 만약 의사가 객관적인 진단 과정 없이 감기약을 폐렴 환자에게 잘못 처방한다면 어떻게 되겠는가? 따라서 의사가 정확한 진단을 위해 여러 가지 방법으로 데이터를 모으는 것처럼, 리더는 개인적 감정이나 선호를 배제하고, 객관적 데이터를 기반으로 결정을 내려야

한다.

연말 성과 평가를 예로 들어보자. 리더의 감각이나 편견에 의존해 평가를 진행하면 '최신 오류(Recency Bias)'와 같은 실수를 범할 수 있다. 최신 오류란, 평가 시점과 가까운 시기에 발생한 사건이나 성과에 과도하게 집중하여 연간 성과를 왜곡하는 평가 오류를 말한다. 만약 3분기 동안 목표를 초과 달성한 직원이 4분기에 미달했다면, 최신 오류를 범하는 리더는 이 직원을 '목표 미달성자'로 판단할 가능성이 높다. 공정하지 못한 평가를 내리는 것이다. 이런 경우에는 12개월 동안의 정량적 데이터와 정성적 요소를 균형 있게 반영하여 평가해야 한다. 그래야 최신 오류 같은 편견을 방지할 수 있다.

2002년 월드컵에서 히딩크 감독은 기존의 서열, 지연, 학연 등 주관적 평가 방식을 철저히 배제하고, 데이터를 기반으로 선수 선발과 전략을 세웠다. 그는 선수들의 컨디션과 경기력을 평가하기 위해 체계적인 데이터 분석을 도입했다. 당시 한국 축구는 열정과 패기는 넘치지만, 전략과 기술이 부족하다는 평가를 받고 있었다. 그는 정신력은 강한 체력 훈련에서 나온다고 판단했다. 그래서 각 선수의 VO2 Max(최대 산소 섭취량)를 측정하여 체력 수준을 파악했다. 이는 선수가 경기 중 얼마나 오래 지속적으로 뛰고, 고강도의 퍼포먼스를 유지할 수 있는지를 알려주는 지표였다.

이 데이터를 바탕으로 히딩크는 기존의 주전 선수에 얽매이지 않고, 새로운 인재를 발굴했다. 박지성, 송종국 같은 선수들은 이전에는 주목받지 못했지만, 데이터를 통해 가능성을 확인한 히딩크는 그들을 중용하여 팀의 역동성을 높였다. 그 결과, 그는 한국 축구를 월드컵 4강이라는 전례 없는 성과로 이끌었다. 데이터 기반의 공정성이 조직에 얼마나 큰 영향을 미치는지를 보여주는 대표적인 사례라 할 수 있다.

공정성을 유지하려면 평가의 근거를 명확히 설명할 수 있어야 한다. 구성원들이 리더의 결정 과정과 의도를 이해하고 신뢰할 때 공정성은 강화된다. P사의 인도 지사에 근무했던 쉐카의 사례는 이를 잘 보여준다. 쉐카는 자신의 성과가 최고 등급인 'S'를 받을 자격이 있다고 생각했지만, 필자는 그에게 한 단계 낮은 등급인 'A'를 부여했다. 연봉 인상과 스톡 옵션 선정에 직접적인 영향을 미치는 중요한 평가였기에 쉐카는 'A' 등급에 큰 실망감을 느꼈을 것이다.

그러나 필자는 객관적 근거를 바탕으로 쉐카에게 그 이유를 분명히 밝혔다. 필자가 구체적이고 명확하게 평가를 설명하지 않았다면, 쉐카는 분명히 불공정하다고 느꼈을 것이다. 리더가 평가 과정에서 기준을 명확히 제시하고, 투명하게 소통해야 하는 이유가 바로 여기에 있다.

공감력은 공정성의 신호다

공감력은 단순히 타인의 감정을 이해하는 것을 넘어, 리더가 공정성을 실천하는 데 핵심적인 역할을 한다. 구성원의 감정을 깊이 이해할 때, 리더는 공정한 대우를 통해 조직 내 신뢰를 강화할 수 있다. 공감적 리더는 공정성이 단지 규칙의 준수가 아니라 사람 중심의 의사 결정을 하는 핵심 역량임을 보여준다.

2020년, 네이버(NAVER)의 한성숙 전 대표는 위기 속에서도 의미 있는 리더십을 보여주었다. 코로나19 팬데믹이 한창일 때, 네이버는 많은 직원을 재택근무로 전환했다. 하지만 이로 인해 생산성 저하와 소통의 어려움이 우려됐다. 특히 육아와 일을 병행해야 하는 매니저들의 부담이 컸다. 한 대표는 이 문제를 단순한 정책 차원에서 보지 않았다. 직원 한 사람 한 사람의 상황을 이해하기 위해 여러 차례 직접 의견을 듣고, 구성원들과 대화의 자리를 만들었다.

이 과정에서 자녀를 둔 직원들은 유연근무제와 같은 현실적이고 구체적인 지원이 필요하다는 점을 강조했다. 네이버는 '가족 친화 정책'을 확대해 직원들에게 유연근무제, 보육비 지원, 그리고 정기적인 휴가 사용을 보장했다. 뿐만 아니라, 모든 직원들에게 재택근무 환경을 개선할 수 있는 비용을 지원하며 "직원들이 최상의 상태로 업무에 집중할 수 있도록 돕겠다"는 메시지를 보냈다.

이러한 공감 기반의 결정은 직원들로부터 큰 호응을 얻었다. 팬데믹 상황에서 불안감을 느끼던 직원들은 회사가 자신들의 상황과 필요를 이해하고 있다는 점에서 신뢰감을 느꼈다. 결과적으로 네이버는 2020년 주요 글로벌 IT 기업들과의 경쟁에서도 생산성과 성과를 유지하며 지속적인 성장세를 이어갈 수 있었다.

또 다른 사례로 사우스웨스트 항공(Southwest Airlines)의 CEO였던 허브 켈러허(Herb Kelleher)가 있다. 그는 직원들과 관계에서 공감을 실천하며, 공정성과 신뢰를 바탕으로 조직문화를 구축했다. 1990년대에 한 조종사가 심각한 가족 문제로 근무 스케줄을 조정할 일이 생겼다. 다른 항공사였다면 단순히 규정을 이유로 그 요청을 거절했을지도 모른다. 그러나 켈러허는 조종사의 개인 사정을 듣고 즉각 스케줄을 조정해 주었다. 이는 직원들의 삶을 이해하고, 그들의 어려움을 해결하려는 공감적 리더십의 실천이었다. 이 사건은 직원들에게 깊은 인상을 남겼고, 사우스웨스트 항공은 이후에도 강력한 직원 충성도를 유지하며 업계에서 독보적인 위치를 지킬 수 있었다.

두 사례는 공감력이 리더십에서 왜 중요한지를 잘 보여준다. 리더는 단순히 규칙을 따르라고 강요하는 것이 아니라, 구성원의 상황과 감정을 이해하고, 그에 맞는 결정을 내릴 때 공정성을 실현할 수 있다. 공감적 리더는 조직의 신뢰를 강화하며, 구성원들이 리더와 조직을 위해 최선을 다하도록 동기를 부여한다. 이러한 공감 능력은 구성원들의 행동을 이해하려는 노력에서 시작된다.

노벨 문학상을 수상한 한강 작가의 작품 중 《채식주의자》가 있다. 이 작품의 주인공 영혜는 육식을 거부하며 채식주의자의 삶을 선택한다. 그러나 그녀의 남편과 아버지는 이러한 선택을 이해하려 하지 않고, 단순히 사회적 규범이나 가족의 체면에 초점을 맞추며 그녀를 억압한다.

남편은 영혜에게 이렇게 말한다.

"아니, 그냥 고기 좀 먹으면 되잖아. 대체 그게 뭐가 그렇게 어려워?"

또한 아버지는 그녀를 질책하며 이렇게 외친다.

"네가 이상한 생각에 빠져서 가족을 수치스럽게 만드는구나. 당장 고기를 먹어라!"

이러한 반응은 영혜에게 깊은 고립감과 좌절을 안긴다. 만약 그녀의 가족이 영혜의 선택에 공감하고, 그녀의 내면적 동기를 이해하려고 노력했다면 상황은 어땠을까? "네가 채식을 선택한 걸 우리가 강요해서 바꿀 순 없겠지. 하지만 네 건강이 걱정된다. 채식 위주로 영양 균형을 맞출 수 있는 방법을 같이 찾아보자"라며 가족들이 영혜의 결정을 존중하고 협력적 태도를 취했다면, 모두가 만족할 수 있는 해결책이 가능하지는 않았을까?.

조직에서도 마찬가지다. 리더가 팀원의 행동이나 선택을 억압하거나 비난하기보다, 그 동기를 이해하려고 노력하고, 함께 해결책을 모색하는 태도를 취할 때 조직의 신뢰는 강화된다. 팀원들은 존중받는다는 느낌을 받고, 이를 바탕으로 더 큰 성과를 이끌어낸다.

3. 고객의 충성을 이끌어내는 사회적 책임성

윤리적 리더십은 소비자의 충성도를 높인다

"기업은 세상을 위해 무엇을 기여할 수 있는가?"

기업 윤리를 말할 때 빼놓을 수 없는 기업이 파타고니아다. 이 기업은 "파타고니아는 유행을 팔지 않습니다"라는 캠페인으로 유명하다. 이 캠페인에서 알 수 있듯이, 파타고니아는 지속 가능한 미래를 만드는 소비 행동 변화를 추구한다. 1973년에 창업한 파타고니아는 세월이 흘러도 오래 입을 수 있는 옷, 망가지면 다시 고쳐 입을 수 있는 옷, 다음 세대가 물려 입을 수 있는 옷을 만드는 것이 지구를 되살리기 위한 환경운동의 한 부분임을 강조해오고 있다.

의류 산업이 유행을 추구하는 패스트 패션으로 향해갈 때, 파타고니아는 의류 산업의 변화를 요구하는 급진적인 메시지로 소비자들에게 다가갔다. 파타고니아는 지속 가능한 소비를 위해 환경과 사회에 책임 있고 윤리적인 소재와 제품과 생산 방식 등 12가지 기준을 정하고 있다. 유기농 원단 제품 구매나 소비를 줄이고 기존 제품 오래 사용하기 같은 것이 여기에 속한다.

ESG경영연구원의 보고서에 따르면, 파타고니아는 다음과 같이 지속 가능한 실행 전략을 실천하고 있다.

첫째는 행동주의다. 멋진 구호보다 실질적인 행동으로 지속 가능 경영을 위한 변화를 실행한다. 전사적(全社的) 마케팅 캠페인을 통해 환경 경영을 지향하고, 실천 메시지를 글로벌 이해관계자들과 공유하며, 글로벌 제로 웨이스트(zero-waste) 주간을 지정해 환경 오염의 폐해에 대해 알리는 캠페인을 벌이고 있다.

둘째는 기부다. '지구를 위한 1%(1% for the Planet)'라는 구호를 내걸고 매년 매출액의 1%를 지역 환경 및 사회 이슈 활동가들에게 지원한다. 현재까지 누적으로 약 1,000억 원에 가까운 금액을 후원해 오고 있다. 우리나라에서도 매년 매출액의 1%를 환경 보호를 위해 헌신하는 지역 활동가들을 돕는 데 사용하고 있으며, 2018~2019년에는 약 100억 원을 추가로 기부한 바 있다.

셋째는 기업 내부 지원 프로그램을 활용해 직원들이 2개월간 100%의 급여를 지급받으면서 환경 보호 프로젝트에 참여할 수 있도록 지원하고 있다. 그리고 대대적인 '차량 운행 줄이기(Drive-Less) 프로그램'을 통해 자동차 이동 빈도를 줄여 탄소배출량을 감소시키려는 노력도 하고 있다. 또한 공정무역을 지지하고, 이를 통해 생산된 상품의 비중도 지속적으로 늘리고 있다. 그 결과, 2019년 기준으로 전체 매출액 중 공정무역 생산 상품의 비중이 전년도 24%에서 45%로 증가했다.

"파타고니아는 단순한 의류 브랜드를 넘어 환경 보호를 핵심 가치로 삼는 기업이다"라고 K대학의 마케팅 담담 교수는 심포지엄에서 언급하기도 했다. 이처럼 파타고니아는 소비자와 공감대를 형성하며 환경과 기후변화 대응에 메시지의 초점을 맞추고 있다. "블랙 프라이 데이에 재킷을 사지 마세요"라는 유명한 캠페인도 소비를 억제하여 지구 환경을 생각하자는 메시지의 일환으로 던진 것이었다. 파타고니아는 환경 보호의 진정성을 인정받아서 소비자의 충성도도 지속적으로 상승하고 있다.

나이키의 CEO인 존 나호(John Donahoe)도 "바르게 변화하는 기후 환경에서 선수들이 마주하는 문제들을 해결하는 실질적인 솔루션을 제시할 것"이라며 환경 보호의 중요성을 공언하고 행동으로 옮겼다. 나이키는 1990년대 후반부터 탄소 저감 소재 개발에 집중해 왔다. '스페이스 히피' 시리즈는 제품의 25~50%를 공장 폐기물, 소비재 폐기물 등 재활용 소재로 생산한다. 나이키는 탄소발자국 최소화를 위한 이와 같은 윤리적 행동으로 글로벌 환경 보호에 노력하고 있다. 나이키의 이러한 사회적 책임 활동이 그들의 브랜드 이미지를 강화하고, 소비자들의 기업 충성도를 증가시켰음은 물론이다.

그렇다면 이러한 사회적 책임 활동들이 정말 기업의 성장과 발전에 도움이 될까? 아마 많은 이들이 이 상관관계에 의문을 가질 것이다. 세계적인 컨설팅 기업인 프라이스 워터 하우스 쿠퍼스(PwC)는 2023년 글로벌 CEO 설문 조사에서 "윤리적 리더십을 실천하는 기업이 장기적으로 더 높은 수익성과 신뢰를 확보한다"고 보고했다.

실제로 서로 상관관계가 있음을 증명한 것이다.

윤리도 전략의 하나다

유니레버는 세탁용품, 청소용품, 치약, 종이 등 다양한 생활용품을 판매하는 다국적 기업이다. 탄소 중립을 목표로, 파리기후협정에서 제시한 기한보다 11년이나 앞선 2039년까지 넷제로(Net-Zero)를 달성하겠다는 계획을 세우고 추진 중이다. 2010년, 유니레버는 '지속가능 생활계획(Unilever Sustainable Living Plan, USLP)'을 발표하며 ESG 경영의 새로운 기준을 제시했다. 이 계획의 핵심 목표는 2020년까지 사회적 책임을 다하면서 동시에 환경 보호를 실현하는 것이었다.

또한 유니레버는 여성의 경제적 자립과 사회적 포용도 핵심 전략으로 삼았다. 그 일환으로 '샤크티 프로젝트(Project Shakti)'를 통해 인도의 저소득층 여성들에게 유니레버 제품의 직판 계약을 맺어 최저 생계비를 벌 수 있는 환경을 마련했다. 2010년부터 시작된 이 프로젝트로 약 11만 명 이상의 여성이 경제적 독립을 이루었다.

아울러 근로 조건 개선을 위해 공평한 보상체계를 도입하여 농업 종사자들에게 공정한 임금을 제공했다. 더 나아가 유니레버는 비지니스 포트폴리오에서 건강관리에 도움이 되는 제품군의 비중을 꾸준히 늘리고 있으며, 2025년까지 플라스틱 사용량을 절반으로 줄이겠다는 목표도 세웠다. 이에 따라 연간 플라스틱 60만 톤을 수집해서 재활용할 예정이다.

여성, 장애인, 성소수자, 소외된 인종 등 다양성의 포용도 가속화하고 있다. 2020년에는 '인종 평등 프레임워크'를 추진하기 위한 테스크포스를 신설했고, 2025년까지 직원의 5%를 장애인으로 고용하며, 소외계층이 소유하거나 관리하는 공급업체에 연간 20억 유로(2조 6,670억 원)를 지출하겠다고 밝혔다.

이러한 다양한 활동에 대해 유니레버의 CEO인 앨런 조프(Alan Jope)는 "기후 변화와 사회적 불평등은 세계가 직면한 가장 큰 위협"이라며 "생계 수단 개선, 다양성 포용, 인재 양성을 돕고 모두에게 기회를 제공하는 사회로 나가려면 집단적인 행동이 필요하다"고 역설했다. 이러한 노력으로 유니레버는 10년간 20억 명 이상의 삶의 질을 개선하는 데 기여했고, 제품 생산 시 폐기물을 99% 줄이는 성과를 거두었다. 유니레버의 이러한 전략은 투자자들로부터 큰 신뢰를 얻었으며, 2021년 글로벌 브랜드 가치 평가에서 가장 지속 가능한 기업 중 하나로 선정되었다.

MS도 사회적 책임을 말할 때 빠질 수 없는 기업이다. 증시 정보를 제공하는 언론사 IBD는 비즈니스 모델과 혁신, 환경, 인적 자원, 리더십과 거버넌스, 사회적 자본과 같은 5개 분야에서 우수한 점수를 받은 기업을 대상으로 'ESG 100대 기업'을 선정하는데, MS는 2023년에 상장사 부문 1위를 차지했다. 이로 인해 MS는 ESG 리스크를 잘 관리하는 기업, 안정적인 경영과 투자 가치가 높은 기업이라는 인식이 확대됐다.

　MS는 일찍부터 '지구상의 모든 사람과 모든 조직이 더 많은 것을 이룰 수 있도록 돕는다(Empowering Every Person and Every Organization on the Planet to Achieve More)'라는 비전 아래, ESG 경영을 경영 전략에 포함시켰다. 특히 지배 구조의 투명성과 다양성 강화를 통해 조직의 지속 가능성을 실현하며 2015년부터 〈다양성과 포용성 보고서〉를 발간해 조직 내 다양성 현황과 개선 목표를 공개했다. 2020년부터 CEO인 사티아 나델라는 인종 다양성과 여성 리더십 확대를 핵심 목표로 삼고, 경영진의 보상 체계에 ESG 목표를 반영했다. 그 결과, 여성 임원 비율이 5년간 30% 증가했고, 소수 인종 채용도 지속적으로 확대됐다. MS는 이사회에 독립적인 감사위원회를 강화하고, ESG 실행 현황을 투자자와 공유하며 투명한 의사 결정을 유지하고 있다.

　ESG 경영은 단순한 생존 전략이 아니다. 그것은 세상을 변화시키기 위한 리더십의 선언이며, 윤리적 의지를 행동으로 옮기는 실천이다. ESG 경영은 핵심 가치와 맞닿아 있으며, 기업의 지속 가능성을 위한 가장 중요한 기반이다. 이익을 추구하는 것이 절대 목표인 기업이 윤리적이어야 한다는 것은 쉽지 않은 도전일 수 있다. 하지만 그 과정에서 형성되는 신뢰와 성과는 이루 말할 수 없는 가치를 만들어낸다.

　그렇다면 리더가 윤리적 리더십을 실천하려면 어떻게 해야 할까?
　첫째, 공개 메시지나 성명을 통해 윤리적 경영과 사회적 책임을 강조한다. MS의 사티아 나델라처럼 다양성과 포용성을 핵심 경영 목표로 삼고, 구체적인 개선 목표와 결과를 공개적으로 공유하는 것이다.

둘째, 파타고니아처럼 전사적 캠페인을 통해 소비자와 공감대를 형성하며 지속 가능한 행동을 독려한다. 예를 들어, 환경 보호와 공정 무역 실천을 담은 제품 라벨이나 광고를 통해 윤리적 가치를 명확히 보여주는 것이다.

셋째, 내부 직원들이 윤리적 목표를 실천할 수 있도록 교육과 참여 기회를 제공하고, 이러한 활동을 투명하게 공개한다. 유니레버가 여성의 경제적 자립을 돕는 '샤크티 프로젝트'를 통해 신뢰를 구축했듯, 기업의 윤리적 행동은 구성원과 소비자 모두에게 강력한 윤리적 신호로 작용할 것이다.

넷째, CEO 등 리더의 메시지와 지속 가능한 제품 개발을 통해 강력한 윤리적 신호를 전달한다. ESG 목표와 실행 결과를 투명하게 공개하여 구성원과 소비자 모두에게 신뢰를 쌓고 책임 있는 리더십을 보여준다. 또한 '스페이스 히피' 시리즈와 같은 혁신적 제품으로 소비자들에게 윤리적 소비의 선택지를 제공한다.

4. 직원들의 동기를 유발하는 자발성

크리스와 몰입행동

필자가 '고혈압 제제 연구개발 프로젝트(일명 Hi-Li 프로젝트)'의 2분기 회의에 참석했을 때의 일이다. 여기에 참석한 글로벌 연구개발운영 부서 소속 14명의 시선은 단 한 사람, 발표자 K에게 집중되어 있었다. 혹여 실수라도 할까 봐 다른 사람들은 조용히 그의 말만 들을 뿐 다른 의견을 내놓지 않고 있었다. 회의 내내 무거운 분위기에 굳은 표정들이었다.

당시 글로벌 연구개발운영 부서는 신약 개발의 결정적 전환점을 맞고 있었다. 그들은 고혈압 제제(의약품을 치료 목적에 맞게 배합하고 가공하여 일정한 형태로 만듦. 또는 그런 제품)의 부작용을 최소화하기 위해 새로운 화합물 조합을 연구하고, 수백 페이지의 실험 데이터를 분석했다. 하지만 보수적인 조직문화와 실수를 두려워하는 분위기 속에서 팀원들은 자신의 아이디어를 자유롭게 내놓지 못하고 있었다.

몇 달 후 글로벌 연구개발운영부서의 리더가 크리스로 바뀌었다.

CEO는 회사의 내부 인터넷망에 크리스의 임명 배경을 이렇게 공지했다.

"이번 고혈압 제제 연구개발 프로젝트의 성공을 위해 크리스를 신임 부서장으로 임명하게 되었습니다. 기존 팀은 제제의 부작용 감소 목표를 달성하는 데 어려움을 겪었고, 실수를 두려워하는 경직된 분위기로 인해 혁신적인 아이디어가 실현되지 못했습니다. 새로 온 크리스의 리더십 아래, 심리적 안전감을 높이고 창의적인 해결책을 현실화할 수 있는 팀 문화로 전환되기를 기대합니다."

크리스가 온 뒤 Hi-Li 프로젝트 팀은 새로운 고혈압 제제 개발 프로젝트를 논의하기 위해 다시 모였다. 처음엔 이전처럼 회의 분위기도 무거웠고, 팀원들도 자기 의견을 내놓지 않았다. 하지만 시간이 조금 지나자 하나둘씩 손을 들고 자신의 경험과 생각을 말하기 시작했다. '이 아이디어가 말이 될까?'라는 의구심 대신 자유롭게 생각을 나누기 시작한 것이다. K가 신약의 부작용을 줄이기 위한 새로운 화합물을 제안하자, 다른 팀원이 더 나은 복합제를 개발할 수 있는 방법을 추가로 제안했다.

이 모든 변화는 크리스의 리더십에서 시작된 것이었다. 과거에 제약 기업 P사의 글로벌 연구개발운영 수석부사장이었던 크리스가 미팅 시작과 함께 이렇게 운을 뗐기 때문이었다.

"오늘은 브레인스토밍 세션입니다. 어떤 아이디어든 환영합니다. 우리가 성공하려면 모두의 생각이 중요합니다. 모든 아이디어는 가치가 있습니다."

그는 평소에도 상향식 의사 결정 과정을 중요시한 사람이었다. 그는 연간 두 번 개최되는 타운 홀 미팅에서 "사람의 다양한 관점과 경험은 존중되어야 한다. 한 사람의 인생이 거기에 있기 때문이다"라는 메시지를 전한 적도 있었다.

2010년 9월. 크리스와 필자는 뉴욕에서 택시로 50여 분 떨어진 애로우드 호텔의 '글로벌 사업운영 부문 업무설계 워크숍'에서 처음 만났다. 그의 첫인상은 독일군 전차 같았다. 큰 키에 100kg이 넘는 육중한 몸매의 소유자로, 빛이 반짝거리는 기다란 이마와 깊게 파인 눈을 가지고 있었기 때문이다. 나는 그를 보자마자 카리스마 넘치는 외모에 완전히 제압당한 기분이 들었다. 실제로 그는 독일 본(Bonn)에서 태어나 세계 16개국에서 지역 비즈니스 책임자로 일했던 경험 많은 글로벌 리더였다.

크리스는 그날 오후 2시에 시작되는 오프닝 연설에서 "수학에는 정답이 있지만 세상일에는 정답이 없습니다. 항상 논리적이고 실용성만 추구할 필요도 없습니다"라는 말로 나를 완전히 매료시켰다. 그는 변화된 상황에 맞춰 부서 업무 재설계 부분에서 유연성을 발휘할 것을 강조했다.

사실 뉴욕 증권가의 애널리스트들은 P사의 사업 운용 프로세스를 공룡이나 비만 환자에 비유하며 꼬집곤 했다. 기업의 의사 결정 과정이 너무 느리고 복잡하여 혁신적인 변화를 수용하기가 어렵고, 과도한 인력과 불필요한 비용 지출 등으로 인해 재무적으로 비효율적인 구조를 갖고 있다는 뜻이었다. 기업이 비대해지면서 운영 효율성이 떨어지고, 비용 대비 성과가 낮아지는 상황을 지적한 것이었다.

"오늘 미팅에 초청된 17명의 국가 대표들은 그동안 탁월한 성과로 회사의 성장에 기여했습니다. 하지만 상황은 바뀌었습니다. 유연한 리더십이 필요합니다. 우리는 국가에 따라 특화되었던 다양한 관행을 하나로 융합하여 효율적으로 사업부 운영을 해야 합니다."

그 워크숍 이후 P사는 그때까지 국가마다 개별적으로 실행했던 업무 운영 관행을 통합하여 새로운 글로벌 사업부 운영 표준화(GCOP: Global Commercial Operations Procedure)로 새롭게 재탄생시켰다. 그 결과, P사의 글로벌 사업부는 5년 동안 35%의 운영 효율화라는 성과를 거둘 수 있었다.

크리스는 평소에는 웃음을 띠고 부드러웠지만, 성과 앞에서는 냉철했다. 크리스는 무엇보다 심리적 안전감을 주는 환경을 조성하는 데 탁월했다. 그 앞에서 직원들은 새로운 사업부 운영 표준화의 실천 과정에서 겪게 되는 어려움과 자기 생각을 솔직하게 털어놓았다. 그렇지 않은 분위기였다면, 직원들은 어떤 말도 하지 않고 오직 'Yes'라고만 했을 것이다.

그렇다면 심리적 안전감이 보장된 환경에서는 어떤 변화가 일어날까?

K는 최근 프로젝트에서 자신이 실수한 경험을 솔직하게 털어놓았다.

"지난주에 새로운 화합물을 실험했지만, 결과는 기대에 못 미쳤습니다. 예상했던 효과는 나타나지 않았고, 다행히 부작용도 없었습니다. 하지만 그 데이터를 살펴보는 과정에서 중요한 단서를 발견했습니다. 이 내용을 팀원 J와 솔직하게 나눴고, 우리는 새로운 접근법을 고민했습니다. 그 결과, 두 제제를 합성하는 실험을 시도하게 되었고, 그 결과는 우리의 예상을 뛰어넘는 수준이었습니다."

심리적으로 편안한 분위기가 이 둘 사이에 자유로운 토론을 가져온 것이었다. 그러자 토론은 교감의 다리가 되어 더 나은 혁신의 접점을 만들어냈다. 즉, 암묵지가 형식지로 탄생한 것이다. 이런 토론식 회의는 혁신적 신약 'L'이 탄생하는 단초가 되었다. 다양한 아이디어의 결합이 기존보다 부작용이 적고 고혈압과 이상지질을 효과적으로 치료하는 복합치료제 개발의 배경이 된 것이다. 이 치료제는 기존의 것에 비해 복용이 편할 뿐만 아니라 효과도 더 좋았다. 이 치료제는 매년 매출 1조 원을 기록했고, 그 덕분에 P사의 주가는 20% 이상 뛰었다.

한 번은 팀원인 낸시가 실험 데이터를 잘못 입력하는 실수를 한 적이 있었다. 곧바로 R&D 프로젝트 연결 전산망의 그래프가 치솟았다. 실험 수치가 예측 범위를 벗어나서 자동 알람 신호가 뜬 것이다. 그러자 실험실은 얼음장처럼 차가워졌다. 아무도 입을 떼지 못한 채 서로 눈치만 살폈다. 한마디라도 내뱉으면 자신에게까지 불똥이 튈 분위기라 그저 숨죽이고 있는 것이 전부였다.

이때 평소에는 삼촌같던 크리스가 그들 앞에 나타났다.

"무슨 일이 있었던 거야? 왜들 모여 있지?"

개구쟁이처럼 윙크하며 모르는 척하는 표정이었다. 그리고는 한쪽 구석에서 고개를 푹 숙인 채 쪼그리고 있는 낸시에게 다가갔다.

"그럴 수도 있는 거야, 낸시. 요즘 야근을 많이 한다고 들었는데…. 좀 쉬면 집중력이 다시 회복될 거야. 너무 염려 말아요. 다시 시작하면 되니까."

그 말을 들은 낸시는 눈물을 터뜨렸다. 크리스는 조용히 뒷주머니에서 손수건을 꺼내 그녀에게 건넸다. 그리고 바로 낸시의 팀장에게 이메일을 보내, 프로젝트 마감 일정을 조정해 달라고 요청했다. 며칠 뒤, 타운홀 미팅에서 크리스는 팀원들에게 이렇게 말했다.

"실수를 두려워하지 마세요. 우리는 실패를 통해 더 많이 배울 수 있습니다. 실수를 두려워하면 아무것도 시작할 수 없습니다. 실수는 결국 성장의 밑거름이 됩니다."

크리스가 보낸 메시지는 분명했다. '팀원을 존중하고, 실패는 성장의 기회다'는 메시지였다. 그가 조성한 심리적 안전감은 이후에 구성원들의 몰입 행동을 촉진했다. 크리스는 실패를 격려하고, 팀원들을 존중하는 일에 솔선수범했다. 그의 리더십 아래 글로벌 팀원들이 보인 놀라운 몰입 행동은 머지않아 혁신적인 성과로 이어졌음은 물론이다.

갤럽연구소의 하터(J. K. Harter) 박사 팀은 "직원들의 몰입은 재무성과에 직접 영향을 미치는 요인이며, 업무에서 주인의식을 느끼는 것을 의미한다"고 주장했다. 아울러 "몰입도가 높은 구성원은 지속적으로 높은 성과를 올리며, 주도적인 혁신 행동을 통해 조직을 발전시킨다"고 밝혔다. 또한 갤럽의 메타 연구 결과에 따르면, 직장에서 몰입한 직원은 24%의 이직률 감소, 21%의 수익성 증가, 20%의 매출 성장, 17%의 생산성 증가를 나타냈다고 한다.

실제로 P사에서도 크리스가 심리적으로 안전한 문화를 구축하자 직원들은 일에 더욱 몰입했고, 팀워크는 더욱 강화되었다. 또한 팀원들은 서로의 아이디어를 존중하고, 자유롭게 토론하여 관계가 더욱 끈끈해졌다. 나중에 K는 이 과정에 대해 "새로운 복합화합물 개발 과정에서 발생했던 크고 작은 실수들을 두려움 없이 말할 수 있어서 힘든 연구와 실험 과정에서도 자신감을 유지할 수 있었다"고 회상했다. 이후 크리스는 P사에서 유럽지역 총괄사업본부장으로 승진했다.

이처럼 심리적 안전감이 보장될 때, 직원들은 자유롭게 자신의 능력을 발휘하고, 조직은 지속 가능한 성장을 이룰 수 있다. 크리스가 조성한 심리적 안전감은 조직에 긍정적인 영향을 끼치고, 놀라운 결과를 가져왔다. 이것이 어디 P사에서만 가능하겠는가. 우리 일터에서도 분명히 실현 가능하다

5. 지속적인 변화와 혁신

혁신은 기업 규모와 상관 없다

4.19 민주묘지를 지나 북한산 둘레길 탐방안내센터를 향해 걸어가는 길 옆으로 작은 빵가게가 하나 있다. 가게 이름은 C베이커리. 그야말로 동네 흔한 빵가게처럼 보여서 필자는 큰 관심을 가지지 않았다. 그런데 어느 주말 아침, 북한산 대동문까지 오르기 위해 이곳을 지나는데 빵가게 앞에 긴 줄이 보였다. 도대체 왜 사람들이 이렇게 열광하는지 확인하고 싶은 생각에 필자도 긴 줄의 맨 끝에 섰다. 그리고 앞 사람의 어깨를 두드리며 넌지시 물었다.

"사람들이 줄을 서 있는데, 여기 빵은 뭐 특별한 게 있습니까?"

빨간 모자에 선글라스를 얹고 아우터를 입은 여성이 자기 가게라도 되는 듯 들뜬 목소리로 빵가게 소개에 열을 올렸다.

"아, 이 가게 빵은 천연 발효종 효모를 써서 혈당 관리하는 사람들에게 인기가 엄청 많아요. 그래서 아침부터 이렇게 긴 줄을 서는 거죠."

30여 분쯤 기다렸을까? 드디어 내 차례가 되어 가게 안으로 걸음을 옮겼다. C베이커리에는 총 네 명이 일을 하고 있었다. 그들은 눈으로 미소를 짓고, 손님들의 물음에 손으로 빵을 가리켰다. 빵 종류를 설명할 때는 목소리에 자신감까지 넘쳐 흘렀다. 근처에 있는 다른 빵집에도 들른 적이 있었는데, 그곳과는 사뭇 분위기가 확연히 달랐다.

며칠 후 나는 그 빵가게를 다시 들러 그들과 이야기를 나눌 기회를 만들었다. 네 명의 역할은 분명하면서도 유연했다. 대표는 35세인 여자 정민 씨로, 경험 많은 제빵사이자, 직원들과 수평적인 관계를 중시하는 리더였다. 그녀는 고객 중심의 혁신과 팀원들의 역량 발휘를 최우선으로 생각하는 사람이었다.

함께 일하는 현수 씨는 10년 경력의 베테랑 제빵사로, 반죽과 빵의 식감에 뛰어난 감각을 가진 사람이었다. 그리고 지영 씨는 식품영양학 전공자로, 재료의 건강학적 효능을 연구하며 칼로리와 혈당 지수를 낮추는 방안을 고민하고 있었다. 마지막으로 은호 씨는 고객 응대와 시장 조사를 담당하는데, 고객의 피드백을 세밀하게 수집 중이었다.

정민 씨는 이들이 지닌 각각의 전문성을 살리면서도 협력적인 문화 속에서 이를 하나로 모으는 데 중점을 두고 있었다. 그녀는 회의에서 이렇게 말하곤 한다고 했다.

"이 가게는 여러분의 가게입니다. 작은 아이디어라도 언제든 부담 없이 공유해 주세요."

혁신은 신뢰와 공유에서 비롯된다

그래서일까? 때때로 현수 씨는 새로운 반죽 방식을, 지영 씨는 기존에 사용하지 않는 저당 설탕을 제안했고, 은호 씨는 고객의 피드백에서 얻어낸, 즉 당뇨 환자들이 빵에서 가장 중요하게 생각하는 요소를 구체적으로 정리해 팀원들과 공유하곤 했다. 그러면 정민 씨는 이를 직원들과 논의한 뒤 결정했다. 그리고 직원들에게 그때그때의 목표를 정확하게 제시했다. 예를 들면 "지금부터 우리 가게 빵의 목표를 혈당 지수를 낮추는 걸로 잡읍시다"와 같이 말이다.

그러면 베테랑 제빵사인 현수 씨가 반죽을 해서 반죽 덩어리를 직원들이 만져볼 수 있게 내밀었다. 뒤이어 직원들은 현수 씨가 내민 반죽 덩어리의 기공과 늘어짐 정도를 체크하고 메모했다. 정민 씨는 주기적으로 이런 워크숍을 열어 직원들이 빵 만드는 과정을 직접 체득할 수 있게 했다. 식감 노하우의 사회화 과정을 진행한 것이다. 이후 지영 씨는 설탕 사용과 반죽의 탄력, 혈당 지수 등 현수 씨의 경험과 자신의 실험 데이터를 묶어 표로 정리했다. 저당 설탕과 고단백 밀가루의 비율이 반죽에 어떤 영향을 미쳤는지 실험 결과를 한눈에 볼 수 있도록 한 것이다.

그렇게 개발된 빵은 현수 씨의 손끝 감각과 재료 효과, 지영 씨의 데이터가 결합하여 만들어진 결과물이었다. 정민 씨는 이렇게 만들어진 빵의 최종 레시피 매뉴얼을 팀원들과도 공유했다. 그 안에는 반죽 과정, 재료 비율, 발효 과정, 오븐 온도 등이 세부적으로 기록

되어 있었다. 그 결과, 매뉴얼은 더 이상 단순한 문서가 아니라, 직원들의 몸속에 업무 방식으로 자리 잡았고, 조직 전체가 공유하는 자산이 되었다. 지금도 직원들은 새로운 기술과 프로세스를 일상 업무에 적용하며 지속적으로 제품을 개발해 나가고 있다.

또한 C베이커리는 고객 피드백을 꾸준히 반영하며 제품을 개선해 나갔다. 특히 은호 씨가 제안한 빵 포장지에 '당뇨 환자 친화적'이라는 정보 표시는 고객 만족도를 더욱 높였다. 특히 당뇨인들 중에는 C베이커리 덕분에 그나마 빵을 즐길 수 있게 되었다며 고마움을 표하는 사람들이 많다고 했다.

일반적인 빵가게는 빵을 만드는 사람, 포장과 진열과 판매를 하는 사람 등으로 업무가 분업화되어 있다. 자신이 하는 분야만 알고, 그 외의 분야는 모른다. 그러나 C베이커리에서 일하는 4명의 직원은 분업화된 것처럼 보이지만, 누구나 빵을 만들고 누구나 포장과 진열과 판매를 할 수 있다. C베이커리의 직원이지만, 언제든 독립할 수 있도록 기술을 공유하는 것, 그게 대표 정민 씨의 경영 철학이기에 가능했다.

이 혁신적인 당뇨 환자용 빵이 탄생한 비결은 단순한 레시피의 조합이 아니라, 직원들이 자발적으로 협업하고 혁신한 결과였다. 대표 정민 씨의 참여적, 수평적 리더십이 바탕이 되었음은 물론이다. 정민 씨의 리더십 아래, 팀원들은 서로 편하게 의견을 주고받는 분위기가 형성되었다. 개인이 터득한 노하우를 동료들과 터놓고 말한 것들은 C베이커리의 자산이 되었다. 그 든든한 자산 덕분에 팀원들은 열정과 자신감에 차 있었다.

  최근 기업 리더들을 코칭할 때면 혁신의 강박에 빠져 있는 모습을 볼 수 있다. 무에서 유를 창조하기란 하늘의 별 따기다. 그것은 전지전능하신 하나님만이 할 수 있는 일이다. 인간의 문제는 인간끼리 해결하는 것이 답이다. 혁신은 결국 기술이나 시스템의 문제가 아니라, 사람의 문제다. 기업에서 가장 중요하고 비싼 자원은 사람이다. 그 비싼 자원을 제대로 활용하지 않고 혁신을 말하는 모습을 볼 때마다 안타까움을 느낀다.

  C베이커리의 모습을 보자. 대표인 정민 씨의 철학과 태도에 자신을 빗대어 보자. 작지만 강한 기업에게서 볼 수 있는 전형적인 모습이다. 대표와 직원들이 서로를 믿고 신뢰하며, 직원들은 적극적이고도 자발적인 업무 행위로 자신의 가치를 스스로 올리는 모습에서 혁신은 먼 곳에 있지 않음을 보게 된다. 작은 가게가 주는 혁신의 모습에서 필자는 '다시 사람이다', '그래도 사람이다'라는 반면교사를 얻었다. 유독 그 빵집에 줄을 서는 데는 다 이유가 있었다. 모든 것은 보이지 않아도 이심전심이기 때문이다.

6. 조직의 성공을 이끄는 협업

인스파이어테크는 혁신적인 소프트웨어 솔루션을 개발하는 중견기업이다. 이 회사의 한 팀인 '드림팀'이 최신 프로젝트인 '비전 X'를 맡았을 때의 일이다. '비전 X'는 인공지능을 이용한 고객 분석 툴로서, 회사의 미래를 좌우할 만큼 중요한 프로젝트였다. 그러나 프로젝트 초기에는 팀원 간의 갈등과 의견 충돌로 인해 진척이 무척 더뎠다.

초기에 팀원들은 서로의 의견을 비판적으로 바라보며, 실수를 두려워한 나머지 적극적으로 참여하지 않았다. 회의는 형식적으로 이루어졌고, 혁신적인 아이디어도 나오지 않았다. 이러한 상황에서 프로젝트를 책임진 서 파트장은 문제점을 찾아 개선하기 위한 전략을 세우기로 결심했다. 프로젝트가 성공하려면 팀원들이 좀 더 적극적으로 참여하고 창의적인 아이디어를 제안해야 했지만, 분위기상 그것은 불가능해 보였기 때문이다. 서 팀장의 머릿속에서는 '무엇이 문제일까?', '어떻게 하면 해결이 될까?' 하는 생각이 꼬리에 꼬리를 물었다.

그녀는 이 문제를 해결하기 위해 리더십 관련 책을 읽고, 다양한 리더십 강연도 듣고, 동료 리더들과 상담도 하기 시작했다. 그러던 중 그녀를 사로잡은 말이 있었다. 바로 '심리적 안전감'이었다. 이를 통해 서 파트장은 직원들에게 심리적 안전감을 주려면 자유롭게 자신의 의견을 표현하고 실수를 두려워하지 않게 만드는 것이 핵심이라는 것을 깨달았다. 그러나 이 개념을 실제로 적용하는 것은 또 다른 도전이었다. 그녀는 아이디어 세션의 도입, 실수의 날 도입, 팀 빌딩 활동의 실행을 통해 팀의 심리적 안전감을 조성하기로 마음먹었다.

'아이디어 세션'의 도입

서 파트장이 처음으로 실행한 것은 아이디어 세션의 도입이었다. 그녀는 아이디어 세션을 도입하기 전에 먼저 팀원들과 1:1 면담을 통해 진행에 대한 의견을 물었다. 일부 팀원들은 다른 사람의 비판이 두려워서 새로운 아이디어를 내는 것을 꺼린다는 것도 알게 되었다. 그녀는 그 자리에서 아이디어 세션을 진행할 때는 비판 없이 모든 사람의 의견을 존중하겠다고 약속했다.
"이 세션은 우리가 자유롭게 생각을 나누는 자리입니다. 어떤 아이디어든 환영합니다. 비판은 없습니다. 우리는 서로 모든 의견을 존중하고, 긍정적인 피드백을 줄 것입니다."
아이디어 세션 오프닝에서 서 파트장은 팀원들에게 이렇게 말한

후, 팀원 중에서 퍼실리테이터를 선출하여 세션 진행을 맡겼다. 그러자 처음에는 어색해 하던 팀원들도 점차 마음을 열고, 창의적인 아이디어들을 쏟아냈다.

그 이후로도 서 파트장은 아이디어 세션에서 모든 의견을 존중하겠다는 메시지를 여러 차례 팀원들에게 보냈다. 아이디어 세션이 거듭됨에 따라 팀원들은 더욱더 비판에 대한 두려움 없이 자신의 아이디어를 자유롭게 적극적으로 표현했다. 이는 곧 팀 내에 심리적 안전감이 조성되었다는 반증이었다. 이는 서 파트장이 '두려움 없이 솔직하게 말하라'는 신호를 보내지 않았다면 불가능했을 일이었다.

'실수의 날' 도입

서 파트장이 두 번째로 실시한 것은 '실수의 날' 도입이었다. '실수의 날'은 직원들이 자신의 실수를 솔직하게 공유하고, 이를 통해 배울 수 있도록 돕는 프로그램이었다. 실수를 처벌이 아닌 학습의 기회로 인식하고, 실패를 두려워하지 않는 조직문화를 형성하기 위해서였다. 이렇게 하면 직원들은 더 큰 도전과 실험을 시도할 수 있고, 조직의 창의성과 성장 가능성이 높아진다는 판단 때문이었다.

하지만 이것을 제안하기까지는 걱정과 우려도 있었다. 실수를 공유한다는 것이 팀원들에게 마음의 부담이 되지 않을까 걱정되었기 때문이다. 다른 한편으로는 '실수해도 괜찮겠지. 대충 일해도 괜찮겠지'라는 분위기가 팀 내에 만들어지지지 않을까 우려가 되기도 했다.

하지만 서 파트장은 팀 회의에서 대담하게 이 아이디어를 제안했다. 그리고 다음과 같이 덧붙였다.

"우리는 모두 실수를 합니다. 중요한 것은 실수에서 배우는 것입니다. 그래서 저는 우리가 매달 한 번씩 '실수의 날'에 함께 모여서 서로의 실수를 공유하고, 그로부터 배운 점을 함께 나누면 좋겠습니다."

처음에는 몇몇 팀원들이 난색을 표했지만, 그녀는 자신의 실수를 먼저 공유하면서 분위기를 주도했다.

"저는 지난달에 잘못된 데이터를 사용해서 분석 결과를 왜곡시켰던 적이 있습니다. 그 실수를 통해 저는 데이터 크로스 체크의 중요성을 알게 되었습니다."

그녀의 솔직한 고백에 팀원들은 큰 용기를 얻었고, 점차 다른 팀원들도 자신의 실수를 공유하기 시작했다. 이렇게 '실수의 날'이 지속되자 직원들은 실수에 대한 두려움을 덜고, 이를 통해 배움을 얻는 기회를 가지게 되었다. 서 파트장이 팀원들에게 보낸 '실수를 인정하고, 이를 학습 기회로 삼는다'는 신호가 조직의 분위기를 바꾼 것이다.

'팀 빌딩 활동'

서 파트장이 마지막으로 도입한 것은 팀원 간에 신뢰를 강화하기 위한 '팀 빌딩 활동'이었다. 팀 빌딩 활동은 동료들 간에 신뢰를 형성하고, 서로를 이해하는 기회를 제공하는 것으로, 협업 게임, 워크숍, 열린 토론 등을 통해 직원들은 서로의 강점과 약점을 파악하여 심리적 안전감을 느끼도록 하기 위함이었다. 이러한 환경이 팀원들을 서로 지지하고, 어려운 문제도 함께 해결할 수 있는 분위기를 조성하리라 판단했던 것이다.

그녀는 외부 전문가를 초빙하여 팀 빌딩 워크숍을 계획했다. 팀 빌딩 활동을 단순한 놀이로 치부되지 않도록 하고, 실제로 팀의 신뢰를 강화할 수 있도록 하기 위한 고육지책이었다. 고민 끝에 첫해에는 봄과 가을에 2번 시행했다. 워크숍 주제는 '서로를 이해하는 시간'과 '협력과 소통의 시간'이었다. 드림팀 60여 명의 직원들을 세 개의 팀으로 나누어 진행했다.

봄 워크숍인 '서로를 이해하는 시간'에는 팀원들이 각자의 성향에 따른 업무 스타일과 커뮤니케이션 스타일을 이해하고, 팀 내 소통을 원활히 함으로써 협업의 효율성을 높이는 것을 목표로 하였다. 참석자는 사전에 MBTI 성격 검사와 DISC 검사의 결과 보고서를 숙지하고 참석했다. MBTI 성격 검사는 팀원들 간의 성격 유형을 공유하고, 서로의 강점과 약점을 이해하는 데 효과적이었다. 서로의 성향을 이해하자 협업 시 발생하는 갈등이 줄어들고, 팀워크가 강화되었다.

 DISC 검사 결과를 이용한 '협력과 소통의 시간'에는 다양한 커뮤니케이션 스타일을 배우고, 팀원들이 선호하는 소통 방식을 공유했다. 이를 통해 각자의 커뮤니케이션 스타일에 맞춘 효과적인 소통 방법을 이해하고, 직원들 간의 오해를 줄여 협업의 효율성을 높일 수 있었다.

 이렇게 워크숍을 통해 쌓게 된 팀원들 간의 깊은 이해와 신뢰는 특히 프로젝트 마감 기한이 다가왔을 때 큰 도움이 되었다. 특히 '아이디어 세션'에 나온 창의적인 아이디어들은 비전 X 프로젝트의 실행에 큰 도움이 되었다. 또한 '실수의 날' 덕분에 팀원들은 실수를 두려워하지 않고, 오히려 이를 통해 더 많이 배우고 성장하게 되었다. '팀 빌딩 활동'으로 팀원 간의 신뢰도 크게 증가했다. 심리적 안전감이 구축된 이후, 드림팀의 성과는 놀라울 정도로 향상되었다. 결국 비전 X 프로젝트는 기한 내에 성공적으로 완료되었고, 고객들로부터 높은 평가를 받았다. 그 후 인스파이어테크는 비전 X의 성공을 바탕으로 시장을 주도하는 회사가 되었다.

 인스파이어테크의 드림팀 사례는 심리적 안전감이 팀 성과에 얼마나 큰 영향을 미치는지 잘 보여준다. 자유롭게 의견을 표현할 수 있는 환경, 실수를 두려워하지 않는 문화, 그리고 팀원 간의 신뢰는 팀의 혁신과 성과를 극대화하는 데 필수적이다. 서 파트장이 보여준 '신호'는 팀원들에게 심리적 안전감과 신뢰를 심어 주었고, 이것은 곧 팀 성과의 극대화로 이어졌다.

위의 사례는 모든 조직에게 중요한 교훈을 준다. 직원들이 심리적으로 안전하다고 느낄 때, 그들은 더 창의적이고 혁신적이며, 협력적으로 일한다는 것이다. 그리고 이는 결국 조직의 성공으로 이어진다. 따라서 리더는 심리적 안전감을 구축하기 위해 노력해야 한다. 그것이야말로 진정한 '드림팀'을 만드는 열쇠이기 때문이다.

7. 꺾이지 않는 불굴의 도전정신

내부 통제자 vs. 외부 통제자

　2024년 여름, 서울 소재 국민대학교 대학원 동문들의 정기 산행 때의 일이다. 강북구 수유동에 위치한 4.19 민주묘지 입구에서 동문들을 만났다. 산행은 북한산 둘레길 3코스 '흰구름길'이었다. 그날 모임은 의미가 남달랐다. 오랜 항암 치료로 한동안 참석하지 못했던 차 코치가 함께했기 때문이다. 장마가 막 지나간 북한산 숲은 더욱 진한 녹색으로 반짝였고, 하늘에는 흰구름이 유유히 떠 있었다.
　일행이 모두 모이자 산행이 시작되었다. 국립통일교육원 입구를 지나 대나무 울타리 숲길을 따라 내리막과 오르막을 반복하다 50분 만에 흰구름길의 오르막 중턱에 도착했다. 그늘진 자리에 오붓하게 둘러앉아 우리는 각자 싸온 자몽, 오이, 초콜릿, 떡을 나눠 먹었다. 자연스레 오랜만에 나온 차 코치가 이야기의 중심이 되었다.
　그는 도전적 실행을 중시하는 리더로, '해야 할 것과 하지 말아야 할 것을 명확하게 구분하고, 그 기준을 실행과 평가에 반영하는 것이 리더의 역할'이라고 힘주어 말하곤 했던 사람이었다. 직장생활

시절 그는 친절하면서도 엄격했다. 부하 직원들에게 심리적 안전감을 주면서도 목표 달성을 위해서는 단호했다. 차 코치는 중동과 아프리카 전 지역을 누비며 냉장고 시장을 개척했던 인물이었다. 1980년대인 30대 중반부터 그는 턱수염을 길렀다고 한다. 당시 한국 기업 문화에서는 수염을 기르는 것이 용인되지 않았지만, "중동 고객들이 저를 신뢰하게 하고 싶습니다. 그들의 문화를 존중하고, 닮고자 하는 모습을 보이고 싶습니다"라고 CEO를 직접 설득해 허락을 받아냈다고 한다.

그는 철저히 목표 지향적인 리더였다. 비즈니스의 성공을 위해 환경을 이해하고 자신을 변화시키는 사람이었다. 종교 분쟁이 심했던 이란-이라크 전 때는 군 당국에 끌려가 죽을 고비도 넘겼다고 한다. 중동에서의 도전은 그 삶의 일부에 불과했다. 마다가스카르에서 어깨 위에 올려놓고 사진을 찍은 카멜레온처럼, 그는 다양한 환경 속에서 언제나 변화에 적응하고 스스로를 단련하는 사람이었다.

그런 그가 지금은 또 다른 도전을 하고 있다. 12차 췌장암 항암 치료를 마치고, 13차 치료를 앞두고 있다. 하지만 그는 투병 중에도 결코 도전을 멈추지 않고 있다. "나는 평균적인 췌장암 생존 기간 안에 머무르지 않을 겁니다"라며, '전국마라톤협회'에서 주관하는 대회 참가 일정을 수첩에 빼곡히 메모해 놓고 있다. 그리고 2주마다 하프 마라톤을 뛰고, 두 달에 한 번 꼴로 마라톤 풀코스를 완주하고 있다. 심지어는 북한산 산악 구보까지 병행하며 몸을 단련하고 있다. 또한 후배들과 함께 한시(漢詩)도 공부하고 있다. 그는 몸과 정신을 동시에 단련하며 자신이 맞닥뜨린 현실을 스스로 통제하고 있다.

최근 그의 주치의는 이렇게 말했다.

"당신은 매우 특별한 환자입니다. 연구 대상으로 삼고 싶을 정도예요."

그는 오른쪽 가슴 위쪽에 삽입된 캐모포트를 통해 3주마다 3일간 항암제를 투여받고 있다. 항암제는 암세포뿐 아니라 빠르게 자라는 다른 세포까지 함께 공격하기 때문에 대부분의 환자들은 부작용을 겪는다. 하지만 그는 달랐다. 머리카락이 빠지지도 않았고, 손발이 검게 변하지도 않았다.

주치의는 그 이유를 '현실에 대한 놀라운 적응력'과 '도전적인 정신력'에서 찾았다. 그는 다양한 환경에 적응하며 살아온 경험이, 암세포처럼 낯선 침입자를 다스릴 수 있는 내면의 힘이 된 것 같다고 했다. 그리고 담담하게 웃으며 이렇게 말했다.

"나는 늘 새로운 환경에 적응해 왔어요. 그게 내 삶이었으니까요."

주치의는 그에게 '통제 위치(Locus of Control)'에 대해 다음과 같이 설명했다고 한다.

"세상에는 두 종류의 사람이 있습니다. 내부 통제자와 외부 통제자로 대별되지요. 내부 통제자는 모든 일의 성패는 자신의 노력과 결정에 달려 있다고 믿는 사람입니다. 암 치료조차 자신의 선택과 행동에 따라 달라질 수 있다고 생각하지요. 반면, 외부 통제자는 세상을 운이나 신에 의해 통제된다고 믿습니다. 암 진단을 받으면 상실감이나 충격적인 상황으로 받아들이고 감정적 반응을 보이죠. 그들은 스스로 일을 주도하지 않는 특성을 보이는 사람입니다."

차 코치는 분명한 '내부 통제형' 리더였다. 그는 주어진 상황을 담담히 받아들이고, 미래를 향해 스스로 행동을 선택했다. 입원 병동에서도 그는 멈추지 않았다. 간호사들과 코치형 대화를 나누며, 그들에게 동기를 불어넣었다.

"내가 살아온 방식을 그대로 암 치료에도 적용하는 것뿐입니다."
그는 그렇게 말하며, '나는 어떻게 기억될 것인가?'라는 생각으로 인생 3막을 준비하고 있다.

리더의 통제 위치

심리학에서 내부 통제자들은 동기 수준이 높고, 목표 달성에 대한 자신감이 충만하며, 문제 해결 능력과 학습 성과도 높다고 한다. 이처럼 리더가 된다는 것은, 곧 자신의 삶을 주도적으로 이끄는 사람이 되는 것이다.

심리학자인 로터(Julian B. Rotter)는 인간이 자신의 삶과 결과를 어떻게 인식하는지에 따라 행동이 크게 달라진다고 말했다. 그는 이를 '통제 위치(Locus of Control)'라는 개념으로 정의하며, 개인이 자신의 성취와 실패를 스스로의 노력과 선택의 결과로 보는지(내부 통제자), 아니면 운, 타인, 환경과 같은 외부 요인에 의해 결정된다고 믿는지(외부 통제자)에 따라 행동 패턴이 달라진다고 분석했다.

그는 연구에서 내부 통제자가 보이는 특징을 이렇게 정리했다.

- 동기부여 수준이 높고 목표를 끝까지 달성하려는 성향이 강하다.
- 실패를 외부 탓으로 돌리지 않고, 교훈을 찾아 개선하려 한다.
- 예측 불가능한 상황에서도 주도적으로 문제를 해결하려는 경향이 있다.

실제로, NASA가 진행한 우주 비행사 선발 연구에서도 내부 통제력이 중요한 요소로 작용했다고 한다. 내부 통제력이 높은 지원자들은 예측할 수 없는 우주 환경에서도 침착하게 문제를 해결하는 능력을 보였다고 한다. 반면에, 외부 통제력이 높은 사람들은 불확실한 상황에서 스트레스를 더 크게 받고, 통제력을 상실하는 경향을 보였다고 한다.

이러한 연구들은 차 코치의 행동과 사고방식이 단순한 개성이 아니라, 성공적인 리더들이 보이는 공통된 특성이라는 점을 명확히 보여준다. 그는 췌장암이라는 위기 앞에서도 몸과 정신을 단련하고, 자신을 스스로 통제하며, 우리에게 다음과 같은 메시지를 보내고 있었다.

- 당신은 환경을 탓하는가, 아니면 환경을 변화시키는가?

- 당신의 성공과 실패를 스스로 책임지는가?
- 위기를 맞이했을 때, 어떻게 해결책을 찾는가?

그날 우리는 북한산 흰구름길 4.1km를 3시간가량 걸었다. 한여름의 태양은 강렬했지만, 숲 속의 바람은 상쾌했다. 마지막 지점인 화계사 입구에서 설렁탕을 먹으며, 우리는 그의 얼굴을 다시 한번 쳐다보았다. 이전에 비해 그의 얼굴은 희미한 푸른빛을 띠고 있었다. 하지만 그 후에 만난 그는 훨씬 건강해 보였다.

차 코치의 이야기는 단순한 투병기가 아니다. 그것은 리더가 어떻게 살아가야 하는지, 조직을 관리하기 전에 스스로 어떻게 관리하고 솔선수범해야 하는지에 대한 강력한 메시지다.

8. 조직의 지속 가능성을 담보하는 위임

리더십의 핵심, 위임

경영 환경이 VUCA(변동성, 불확실성, 복잡성, 모호성) 시대로 접어들며 더욱 복잡해지고 있다. AI와 디지털 전환이 가속화되면서 리더가 모든 결정을 직접 내리는 전통적인 방식은 한계를 맞고 있다. 변화의 속도가 빨라지고 정보가 넘쳐나는 시대에 리더는 모든 것을 직접 통제하기보다 위임을 통해 조직의 역량을 극대화해야 한다.

위임은 단순한 업무 분배가 아니다. 위임은 신뢰를 바탕으로 한 리더십의 강력한 신호이며, 리더가 조직을 지속적으로 성장시키는 중요한 전략이다. 조직이 자율성을 가지고 더 빠르게 대응할 수 있도록 리더가 위임의 문화를 조성하는 것은 이제 필수다.

위임이 필요한 이유를 우리는 조직의 성장과 리더의 역할 변화에서 찾을 수 있다. AI와 디지털 기술의 발전으로 업무 속도는 빨라졌고, 이에 따라 데이터 기반의 의사 결정도 보다 중요해졌다. 리더가 일일이 결정을 내리기보다 구성원들에게 의사 결정 권한을 위임하여 보다 신속한 대응이 요구되고 있다. 넷플릭스는 직원들에게 높은 자율성을 부여하고, 데이터 기반으로 빠르게 실행하는 문화를 조성함으로써 빠른 혁신을 이루고 있는 대표적인 기업이다.

최근 들어 직원들은 자신의 성장 기회를 간절히 원하고 있다. MZ 세대를 중심으로 직원들은 단순한 지시 수행자가 아니라, 스스로 의사 결정을 내리고, 성장하기를 바라고 있다. 리더십 분석가인 래리 센(Larry Senn)과 린 맥파랜드(Lynn McFaland)는 "임파워먼트 리더십은 구성원들에게 리더십 역할을 맡김으로써 그들이 최대의 능력을 발휘할 수 있는 기회를 제공하는 것이다. 구성원들은 자신의 잠재력을 충분히 발휘할 수 있다"고 주장했다. 이러한 직무 위임을 통해 직원들은 책임감을 가지고 스스로 문제를 해결하는 과정에서 학습하고 성장할 수 있다. 실제로 구글은 '20% 룰(직원들이 업무 시간의 20%를 자율적으로 프로젝트에 사용하도록 허용)'로 직원들에게 자율성을 부여하여 창의적인 혁신을 촉진하고 있다.

최근 리더의 역할도 코칭형 리더로 변화하고 있는 추세다. 과거에는 리더가 '지시하고 통제하는 역할'을 했다면, 오늘날의 리더는 구성원들에게 방향성을 제시하고, 필요한 지원을 제공하는 코치 역할을 해야 한다. 위임을 통해 리더는 실무에서 손을 떼고, 더 중요한 전략적 역할에 집중해야 한다. 하지만 위임이 제대로 성공하려면 단순히 업무를 분배하는 것을 넘어, 신뢰를 기반으로 한 체계적인 접근이 필요하다.

위임에도 필요 조건이 있다

그렇다면 제대로 위임을 하려면 어떻게 해야 할까?

첫째, 신뢰를 기반으로 위임을 해야 한다. 그러기 위해서는 리더가 직원들에게 "나는 당신을 신뢰한다"는 신호를 보내야 한다. 위임받은 직원이 결정한 사항을 존중하고, 지나치게 개입해서는 안 된다. 스페이스X의 일론 머스크는 팀에 중요한 프로젝트를 맡길 때, 핵심 방향만 제시하고 실행 과정에 깊이 개입하지 않는다고 한다. 직원들이 스스로 문제를 해결하고, 더욱 몰입할 수 있도록 만드는 전략을 취하고 있는 것이다.

둘째, 명확한 기대치를 설정해야 한다. 위임이 실패하는 주요 원인은 명확한 목표와 기대치가 설정되어 있지 않기 때문이다. 직원들에게 무엇을 해야 하는지, 어떤 결과를 기대하는지를 분명히 가이드라인을 제공해야 한다. 넷플릭스는 직원들에게 높은 자유를 제공하지만, 동시에 '책임감 있는 자유(responsible freedom)'라는 개념을 강조하여 명확한 기대치를 설정한다.

셋째, 의사 결정 권한을 부여해야 한다. 단순한 업무 배분이 아닌, 실제로 중요한 결정을 내릴 수 있는 권한을 부여해야 한다. 직원들은 자신의 결정이 조직에 영향을 미칠 수 있다고 인식할 때, 더 높은 몰입도를 보인다. 스타벅스는 각 매장의 점장들에게 상당한 수준의 의사 결정 권한을 부여하여 고객 경험을 개선하는 창의적인 아이디어를 실행하게끔 하고 있다.

넷째, 피드백과 지원을 해야 한다. 리더는 위임 후에도 직원들에게 피드백을 제공하고, 지원을 해야 한다. 피드백 없이 단순히 위임만 하면, 직원들은 방향을 잃거나 부담을 느낄 수 있다. MS의 CEO인 사티아 나델라는 '코치형 리더십'을 강조하며, 직원들이 스스로 문제를 해결할 수 있도록 가이드하면서도 지속적으로 피드백을 제공하고 있다.

권한 위임의 패러독스

위임은 강력한 리더십 도구지만, 원활하게 이루어지지 않는 경우가 많다. 그 이유는 무엇일까? 존 맥스웰은 《리더십 21가지 법칙》에서 다음과 같이 '임파워먼트 법칙의 패러독스'를 주장했다.

"위임의 장애 요소는 자기 자리를 유지하고 싶은 욕구다. 약한 리더는 자신의 일을 부하 직원에게 위임하면, 자신이 조직에서 필요 없는 사람이 되지 않을까 염려한다. 그러나 사실은 그와 정반대다. 자신을 조직에서 없어서는 안 될 사람으로 만드는 유일한 방법은 자신이 없어도 되는 존재로 만드는 것이다. 즉, 당신이 구성원들에게 임파워하고, 그들의 능력개발을 도움으로써 그들이 당신의 자리를 맡을 수 있다면, 당신은 조직에서 없어서는 안 될 소중한 사람이 된다."

연구 자료와 리더십 분석가들의 주장을 바탕으로 위임을 방해하는 주요 장애 요소들을 살펴보자.

첫째, 리더의 통제 욕구(Control Freak Syndrome)는 위임의 장애 요소가 된다. 리더가 모든 것을 직접 관리하고 통제하려는 성향이 강할 경우, 위임은 실패할 가능성이 높다. 2001년 만즈(C. C. Manz)와 심즈(H. P. Sims)의 리더십 연구에 따르면, 통제 중심의 리더는 직원의 자율성을 억제하고, 위임이 효과적으로 작동하지 않게 만든다고 한다.

둘째, 신뢰 부족은 위임의 장애 요소로 작용한다. 2017년 〈하버드 비즈니스 리뷰〉에 발표된 한 연구에 따르면, 신뢰를 받지 못하는 직원은 위임받은 업무에서도 소극적으로 행동하며, 자기 주도적 결정을 내리지 않는 경향이 있다고 한다. 따라서 위임이 활성화되려면 조직문화가 '실패를 용인하고, 책임을 분산하는' 방향으로 조성되어야 한다.

셋째, 명확한 기대치 부재는 실패한 위임이 될 수 있다. 2020년 갤럽(Gallup) 조사에 따르면, 직원의 50% 이상이 "리더가 무엇을 기대하는지 명확하지 않다"고 답했다고 한다. 따라서 리더는 위임 후에도 지속적으로 피드백과 지원을 제공하여 기대치를 달성할 수 있도록 도와야 한다.

리더가 신뢰를 기반으로 권한을 위임하는 것은 조직을 성장시키고, 인재를 육성하는 가장 강력한 신호다. 명확한 기대치를 설정하고, 의사 결정 권한을 부여하며, 지속적으로 피드백을 제공하는 위임 전략이 필요하다. 리더는 더 이상 '모든 것을 결정하는 관리자'

가 아니라, '구성원들의 성장과 성과를 촉진하는 코치'가 되어야 한다.

지금 당신의 조직은 위임을 통해 성장할 준비가 되어 있는가?

4장

리더는 어떻게 신호를 보내야 하는가?

1. 직원 친화적인 다정한 신호

다정함도 경쟁력이다

약 2만 년 전, 인간은 강력한 포식자인 늑대 중 일부를 가축화하기 시작했다. 이 과정에서 놀라운 변화가 나타났다. 바로 꼬리 흔들기라는 행동이다. 처음엔 우연이었겠지만, 꼬리를 흔들면 인간에게서 관심이나 먹이를 얻을 수 있다는 걸 알게 되었다. 이 행동은 인간과 소통하는 방법으로 점차 자리 잡았고, 수백 년 동안 지속되며 진화했다.

그 결과, 일부 늑대는 점점 더 인간 친화적인 성향을 갖게 되었고, 결국 개라는 종으로 분화되어 생존과 번식에 성공했다. 오늘날 개가 꼬리를 흔드는 행동은 수용, 환대, 기대, 행복 같은 감정을 표현하는 방식이다. 이 행동은 인간과의 관계를 더욱 끈끈하게 만들었고, 개는 사냥, 경비, 친구 역할을 하며 인간의 보호 아래 전 세계에서 번성하고 있다.

반면, 여전히 강한 독립성과 공격성을 유지한 늑대는 인간 사회에서 점점 멀어졌고, 이제는 멸종 위기에 놓여 있다. 이 모든 과정은

'다정함'이 생존과 진화에 얼마나 중요한 요소인지를 잘 보여준다.

브라이언 헤어(Brian Hare)와 버네사 우즈(Vanessa Woods)는 《다정한 것이 살아남는다》에서 "다정함은 진화 과정에서 단순히 약한 특질이 아닌 강력한 전략으로 작용했다"고 주장했다. 또한 그들은 "다정함이 진화의 과정에서 승자를 결정했다"며 그 이유를 몇 가지 사례를 들어 다음과 같이 설명했다.

첫째, 다정함은 협력과 신뢰를 가능하게 했다. 협력적인 개체들은 서로 도움을 주고받으며 생존 확률을 높였다. 이러한 특질을 가진 개체들은 점점 더 복잡한 사회적 구조를 형성했다. 인간과 가축화된 동물의 관계에서 보듯이, 다정하고 협력적인 행동은 인간이 동물을 돌보고 보호하여 양쪽 모두에게 유익한 관계를 형성했다. 단순히 강한 힘이나 공격성을 가진 개체들보다, 서로를 이해하고 함께 일할 수 있는 개체들이 더 번성했다.

둘째, 다정함은 집단 내의 결속력을 강화하여 외부 위협에 더 효과적으로 대응했다. 적응력을 높이고 집단의 생존 가능성을 증대시키는 데 있어 공감과 친화력은 중요한 역할을 했다. 저자들은 이에 대해 네안데르탈인과 호모 사피엔스의 예를 들고 있다. 신체적으로 더 강했던 네안데르탈인이 아니라 사회적 결속과 협력 능력이 뛰어났던 호모 사피엔스가 생존에서 우위를 점했음을 강조한다.

셋째, 다정함은 새로운 기술과 문화적 혁신을 가능하게 했다. 다정한 개체들 간의 협력은 아이디어와 지식의 교환을 촉진하고, 더 나은 생존 전략과 도구를 만들었다. 결국 다정함은 단순히 생존을 위한 수단을 넘어, 번영과 진보를 위한 핵심 요소로 자리 잡았다.

이처럼 다정함은 생물학적 진화와 인간 문명의 발전에서 중심적인 역할을 해왔다. 이 책을 통해 우리는 다정함이 약함의 표시가 아니라, 생존과 번영을 이끄는 강력한 도구였다는 것을 배울 수 있다. 현대 리더십에서도 다정한 리더가 더욱 강력한 이유는, 이들이 조직 내에서 협력과 신뢰를 강화하여 지속 가능한 성공을 이끌어내기 때문이다.

이처럼 "다정한 것이 살아남는다"는 메시지는 인류와 자연의 생존 역사이자, 진화의 역사를 통해 입증된 진리이다. 자연계에서 다정함은 생존과 번식의 필수 요건이었다. 그것은 협력과 상호 신뢰를 통해 집단은 더 높은 수준의 안정성과 자원을 확보할 수 있었다. 예컨대, 아프리카 대초원의 고릴라 무리 중에서 협력적 리더는 구성원 간의 갈등을 줄이고, 집단의 평화와 생존 가능성을 높이는 데 중요한 역할을 했다. 그들처럼 다정한 리더십으로 무장한 개체는 군집사회에서 조화와 평화를 유지하여 생존 가능성을 높였고, 궁극적으로 경쟁만을 앞세우는 개체보다 번식에 성공했다. 이처럼 진화론적 관점에서 다정함은 협력을 가져오고, 지속 가능한 성장을 이끌며, 개인과 조직의 높은 성과를 만들어 낸다.

인간 사회에서도 다정한 리더십은 조직의 성공 여부를 결정 짓는 중요한 요소이다. 그렇다면 다정함은 리더십의 맥락에서 어떤 의미를 가지며, 왜 리더십의 핵심 요소로 자리 잡은 것일까?

조직에서 다정함은 중요한 리더십 역량으로, 그것은 단순히 우호적 태도를 넘어, 구성원들의 성공 욕구를 자극한다. 저차원의 욕구를 고차원의 욕구로 변화시킨다. 또한 리더의 다정함은 단순한 공감이나 배려를 넘어, 구성원들이 자신의 가치를 재발견하고, 더 높은 목표를 지향하도록 영감을 준다. 조직 내 신뢰와 심리적 안전감을 형성하고, 구성원들이 새로운 도전에 나설 수 있게 한다. 안정과 생존이라는 저차원의 욕구를 혁신이나 자아 실현 같은 고차원의 욕구를 추구하게 한다.

다정함이 가져오는 관계 지향적 리더십

그렇다면 다정함을 관계 속으로 끌어들이면 어떤 일이 생길까? 《다정한 것이 살아남는다》에 나온 보노보와 침팬지에 대한 비교는 관계지향적 리더십이 왜 중요한지를 잘 보여준다. 침팬지는 힘과 권위를 중심으로 서열을 유지하며 살아가는 생물이다. 그러나 보노보는 다정함과 협력을 중심으로 공동체를 이끌어 간다. 보노보는 갈등 상황에서 서로 포옹하거나 털을 손질해주는 행동으로 긴장을 완화하고, 식량을 공유하거나 놀이를 통해 협력적 관계를 강화하며 사회적 안정성을 유지한다. 이러한 환경은 번식 기회를 늘리고 새끼의 생존률을 높이는 데 결정적 역할을 한다. 특히, 보노보의 다정한 행동은 집단 내 조화로운 분위기를 조성하여 더 많은 개체가 안정적으로 번식할 수 있는 기반을 마련한다. 이 사례는 조직에서 리더십 스타일의 차이가 구성원의 성과와 조직의 장기적 성장에 미치는 영향 관계를 시사한다.

성공적인 리더는 과업 중심의 행동(침팬지적 특성)과 관계 중심의 행동(보노보적 특성)을 조화롭게 발휘한다. 상황에 따라 이 두 가지 스타일을 적절히 조절한다. 리더십 발휘 기반이 단단하기 때문이다. 관계 지향적 리더십은 특히 신뢰와 유대라는 토양에서 더 잘 자란다. 이때 다정함은 리더십의 촉매제 역할을 한다.

2010년대 초반, 글로벌 제약 기업의 CEO였던 괴맥(Gemax)은 과업 중심의 강한 리더십으로 주목을 받았다. 그는 성과를 가장 중요하게 여겼다.

"성과를 내지 못하면 떠나라."

이 한마디는 그의 경영 스타일을 그대로 보여준다. 괴맥은 빠른 의사 결정, 강한 목표 설정, 철저한 훈련으로 조직을 몰아붙였다. 그 결과, 매출은 빠르게 상승했고, 시장 점유율도 눈에 띄게 늘어났다. 짧은 시간 안에 경쟁자들을 압도했다. 언론은 그를 '결단력의 화신'이라 불렀고, 성공 신화를 다룬 기사들이 쏟아졌다. 그의 이름은 곧 과업 중심적 리더십의 상징이 되었다.

하지만 그 모든 성공은 오래가지 않았다. 괴맥은 회사의 목표를 지나치게 높였다. 직원들은 압박을 받기 시작했다. 신년사에서 그는 이렇게 말했다.

"주 60시간 일할 준비가 안 됐다면, 이 회사에 남을 자격이 없습니다."

그 말은 직원들에게 깊은 두려움을 안겼다. 자유롭게 의견을 나누던 분위기는 사라졌다. 이제 사람들은 말 대신 침묵을 택했다. 피로와 스트레스는 점점 쌓였고, 사기는 바닥을 쳤다. 핵심 인재들은 하나둘 경쟁사로 떠났다. 더 큰 문제는 따로 있었다. 두려움은 혁신을 가로막았다. 제약회사는 새로운 아이디어가 생명이다.

하지만 괴맥의 독단적이고 강압적인 리더십은 창의성을 억눌렀다. 직원들은 '새로운 것'에 도전을 하지 않았다. 의견을 터놓고 말하지도 않았다. 결국, 회사는 점점 경쟁력을 잃어갔다. 그가 떠난 후에도 조직은 한동안 그 여파에서 벗어나지 못했다. 무너진 문화를 다시 세우는 데 2~3년이 걸렸다.

반면, 동일 기업의 후임 CEO였던 통술(Tongsel)은 괴맥과 전혀 다른 리더십 스타일이었다. 그는 직원들의 심리적 안전감과 협력을 최우선으로 삼았다. 그는 직원들과 정기적으로 비공식적인 대화 자리를 마련했고, 조직에서 누구의 목소리든 존중하는 환경을 만들었다. 그는 "우리는 함께 성장한다"는 철학을 내세우며 직원들에게 도전적이지만 달성 가능한 목표를 제시했다. 중요한 의사 결정은 현장의 목소리를 경청하고, 각 팀의 의견을 반영한 후 진행했다. 그의 이런 다정한 리더십은 직원들이 자발적으로 최선을 다하고 싶다는 동기를 북돋았다. 그가 CEO로 부임한 후 직원들은 '고객가치 혁신 프로젝트'를 주도적으로 수행했고, 시장점유율은 변곡점을 지나 우상향을 그리기 시작했다.

《다정함의 과학》 저자이자 컬럼비아 의대 교수인 켈리 하딩(Kelly

Harding)은 "사람들은 타인이 다정함을 보일 때 본인 역시 다정함을 보일 확률이 높아진다. 다정함이 있는 직장 문화를 만들고 싶다면, 리더가 먼저 다정함을 보여야 한다"고 강조했다. 위의 사례로 든 두 CEO의 극단적인 리더십 스타일에서 우리는 다정함이 경쟁력이 된다는 사실을 발견할 수 있다.

'토끼 효과'가 주는 가르침

1978년 권위 있는 의학 저널 〈사이언스〉에 '토끼 실험 효과'라는 특이한 논문이 실렸다. 로버트 네렘 박사 연구팀은 토끼들에게 고지방 사료를 먹이고, 콜레스테롤 수치, 심장 박동수, 혈압 등을 측정했다. 연구가 시작되고 몇 달 후, 대부분 토끼들은 예상대로 콜레스테롤 수치와 심장병 확률이 높아졌다. 하지만 한 무리의 토끼에서는 혈관에 쌓인 지방 성분이 60%나 적게 나타났다. 의학적으로 이해하기 힘든 일이 일어난 이유를 매일경제 칼럼은 이렇게 썼다.

"연구팀이 토끼에게 먹이를 줄 때, 대하는 방식에 차이가 있었다. 지방 수치가 낮게 나온 토끼들에게 먹이를 준 사람은 레베스크 연구원이었다. 그는 단순히 먹이만 준 게 아니었다. 말을 걸고, 쓰다듬고, 다정하게 돌봤다. 토끼에게 사랑을 준 것이다. 이 예상치 못한 결과에 네렘 박사는 놀랐다. 연구팀은 실험 조건을 더 엄격히 통제해 다시 실험을 진행했다. 한쪽은 레베스크처럼 애정을 담아 돌봤고, 다른 한쪽은 정해진 방식대로만 돌봤다. 그리고 다시 토끼들의 동맥을 비교했다. 결과는 똑같았다. 사랑을 받은 토끼의 건강이 더 좋았다."

켈리 하딩 교수는 이 결과를 《다정함의 과학(The Rabbit Effect)》이라는 책으로 발간했다. 이 책에서 말하는 '토끼 효과'는 '사랑, 다정함, 공감, 신뢰 등 관계 지향적 요인이 신체 건강에 큰 영향을 미친다'는 개념이다. 실제로 같은 고지방 사료를 먹는데도 사랑받는 토끼는 더 건강해졌다. 다정한 관계가 건강한 상태에 긍정적인 영향을 미친다는 과학적 분석이 증명된 것이다.

과거 전통적 리더십은 '리더는 강해야 한다'고 생각했다. 그래서 '다정한 리더는 약하다'고 생각했다. 켈리 하딩은 자신이 진행한 연구 결과를 들어 이러한 생각이 시대에 뒤처진 고정관념이라고 잘라 말한다. 그가 본 다정함은 리더에게 강점이자 숨겨진 '슈퍼 파워'와 같았다. 실제로 다정한 리더가 이끄는 조직원들은 리더를 돕기 위해 할 수 있는 모든 일을 한다. 리더를 따르는 이유가 두려움이 아닌 사랑이기 때문이다

앞에서 보았듯이 진화는 강한 자가 살아남는 것이 아니라, 협력적이고 친화적인 자가 살아남는 과정이었다. 인간 사회에서 다정함은 관계를 공고히 하는 요소일 뿐만 아니라, 리더십의 본질적인 요소이기도 하다. 개와 늑대, 침팬지와 보노보의 이야기는 힘과 권위만으로는 진정한 성공을 이룰 수 없음을 알려준다. 진화 과정에서 다정함은 단지 살아남기 위한 전략이 아니라, 생물학적 성공과 번

영의 필수 조건이었다. 단순히 성과를 내기 위한 지배적 태도는 조직의 지속 가능성을 위협할 수 있다. 반면에 다정함을 바탕으로 한 관계 지향적 접근은 조직 내에서 혁신과 협력을 증진하고, 구성원들의 잠재력을 극대화한다.

   다정함은 긍정적인 조직을 만들고 조직 구성원을 끈끈하게 연결하는 접착제와 같다. 이제 리더십의 미래는 다정함에 달려 있다. 개뿐 아니라 인간에게도 다정함은 진화와 생존에 중요한 전략이다. 다정한 리더십은 단순히 명령과 통제를 넘어, 서로의 필요와 감정을 이해하고, 상호 신뢰를 쌓을 때 가능하다.

해석의 여지가 없는 구체적 신호

관도대전에서 위기를 초래한 조조의 명령

'관도대전'은 중국 삼국시대의 흐름을 결정 지은 중요한 전투였다. 중국 북부의 패권을 둘러싼 조조(曹操)와 원소(袁紹)의 대결로, 원소는 약 10만 명 이상으로 싸웠고, 조조는 그 절반도 안 되는 병력으로 싸웠다. 원소는 병력과 자원이 풍부했기에 조조는 기민한 전략과 지휘 능력으로 이를 극복하고자 했다. 이 전쟁의 승패는 리더인 조조가 신호를 보내고, 부하들이 이를 어떻게 해석했는지에 의해 좌우되었다. 전투 중 조조는 불리한 상황에서 청주군에 후퇴 명령을 내렸다. 이 명령은 전략적 선택에 따른 판단이었다. 청주군이 적의 압박을 견디지 못하고 있었기에 조조는 후퇴하여 병력을 보존하고, 다시 전열을 정비하는 것이 목표였다.

급박한 전장 상황에서 조조의 "청주군은 후퇴하라"는 명령이 서둘러 전달되었고, 명령을 받은 청주군 장수는 이를 '모든 병력이 즉시 후퇴하라'는 신호로 해석했다. 청주군이 전면 후퇴를 하면서 조조의 군대는 큰 혼란에 빠졌다. 이렇게 전선의 한 축이 붕괴되자 조조의 군대는 원소의 대군에 협공을 받게 되었고, 이는 조조의 계획 전체를 위태롭게 만들었다.

이렇게 긴박한 전시 상황에서는 신속한 의사 결정이 필요하다. 하지만 구체적이지 않고 모호한 명령은 오히려 재앙을 초래할 수 있다. 이때 조조는 어떻게 명령을 해야만 했을까?

조조는 부하 직원들에게ᅦ 구체적이고 단계적인 명령을 내렸어야 했다. "청주군은 후퇴하라"는 신호는 너무나도 단순하고 모호했다. 후퇴할 지점과 그 후의 작전 계획을 구체적으로 언급했어야 한다. 예를 들어 "청주군은 강가로 후퇴하여, 그곳에서 전열을 재정비하라"와 같이 구체적인 지침이 포함된 명령을 했어야 한다. 후퇴 이후의 계획을 구체적으로 설명하지 않았기 때문에 부하들은 이 신호를 잘못 해석했던 것이다.

또한 명령의 전달과 이해를 확인하는 체계도 필요했다. 중요한 명령은 반드시 수신자의 이해 수준을 확인해야 한다. 조조의 후퇴 명령이 전해졌을 때, 청주군의 장수가 이를 정확히 이해했는지 확인하는 절차가 있었다면, 오해를 방지할 수 있었을 것이다. 다행히 조조는 이후에 기민한 판단과 전략으로 혼란을 수습했고, 원소의 군량고를 기습 공격하여 전세를 역전시켰다. 그러나 이 전투는 구체적이지 않고 체계가 없는 리더의 신호가 어떻게 큰 혼란을 초래할 수 있는지 보여주는 사례로 남았다.

소련군과의 전쟁을 승리로 이끈 만네르헤임의 명령

영화 '겨울 전쟁'은 소련과 핀란드 사이에 벌어진 105일 동안의 전쟁을 배경으로 한다. 1939년 겨울, 핀란드는 소련의 대규모 침공을 받게 되었다. 소련은 핀란드에 비해 병력과 장비 면에서 압도적 우위를 점하고 있었다. 약 100만 명의 소련군은 최신식 전차와 대포로 무장하고 있었고, 핀란드군은 겨우 30만 명의 병력과 소규모 장비로 이 거대한 적에 맞서야 했다. 많은 이들은 핀란드의 패배를 기정사실화했지만, 이 작은 나라는 만네르헤임(Carl Gustaf Emil Mannerheim) 장군의 신호로 예상치 못한 반격을 준비하고 있었다.

만네르헤임 장군은 자신이 이끄는 군대가 소련군의 압도적인 전력에 정면으로 맞서는 것은 자멸이라는 것을 잘 알고 있었다. 그래서 전군에 "소련군을 분할하고 고립시켜라"라는 단 하나의 명령만을 전달했다. 이 명령은 소련군을 하나의 강력한 힘이 아닌, 작은 부대들로 나누어 각각을 고립시킨 후, 차례대로 격파하라는 전략적 지침이었다.

이 명령은 전보와 무전기와 기마병을 통해 핀란드군 전체에 빠르게 전달되었다. 만네르헤임은 이 신호를 전선의 모든 지휘관들이 명확히 이해하도록 설명했고, 이 전략적 지침에 따라 각 부대는 맡은 바 역할을 수행할 만반의 준비를 했다. 그리고 핀란드군은 만네르헤임의 지시에 따라 자신들의 임무를 성실히 실행했다. 그들은 소련군의 주요 진격로를 따라 숲과 험지를 이용해 매복 지점을 설정하고, 작은 스키부대와 기동부대를 활용해 소련군의 긴 행렬을 끊었으며, 선두와 후미를 공격해 소련군을 여러 개의 작은 부대로 분할했다.

이후 핀란드군은 소련군의 각 부대를 차례로 포위하고, 고립된 부대를 하나씩 격파해 나갔다. 이 과정에서 핀란드군은 뛰어난 지형 적응력과 기동성을 발휘했고, 빠르게 이동하며 소련군의 병참선과 통신망을 끊어냈다. 압도적인 병력에도 불구하고 소련군은 핀란드군의 빠른 기동과 매복 전술에 속수무책이었다. 소련군은 눈 속에서 길을 잃고, 식량과 보급품이 끊기자 큰 혼란에 빠졌다. 반면에 핀란드군은 소련군의 전차와 대규모 보병 부대를 효과적으로 무력화하며 상대적으로 적은 병력으로 결정적인 승리를 거두었다. 이것은 구체적인 신호 전달이 전쟁에서 승리를 가져온 대표적인 사례로 꼽힌다.

"소련군을 분할하고 고립시켜라"라는 만네르헤임의 명령은 구체적이면서도 행동 방향을 담고 있었다. 그 당시에 이 신호는 핀란드군의 모든 전술적 행동의 중심에 있었다. 그 결과, 이 작은 신호를 통해 핀란드는 전쟁에서 승리를 거둘 수 있었다.

앞에서 소개한 조조와 만네르헤임의 사례를 통해 우리는 리더가 보내는 구체적인 신호가 얼마나 중요한지 잘 알 수 있다. 기업에서도 리더의 신호는 전장 속 리더의 신호 못지않게 중요하다. 기업은 매일 시장 경쟁이라는 전쟁을 치르고 있다. 하루하루가 시장점유율을 뺏는 전투의 연속이다. 두루뭉술한 신호, 소통이 되지 않은 신호는 일사불란한 대처가 필요한 상황에서 조직을 위기에 빠뜨릴 수 있다. 빠른 신호도 중요하지만, 이심전심을 가져올 수 있는 구체적인 신호로 소통할 때, 조직은 경쟁 상대를 이기고, 시장의 지배자가 될 수 있음을 잊어서는 안 될 것이다.

3. 객관적 근거에 바탕한 데이터 기반의 신호

고맥락 사회의 의사소통 방식

2008년, 글로벌 금융 위기 당시 위기감을 느낀 많은 기업들이 직관에 의존해 급격한 구조 조정을 단행했다. 하지만 구글의 선택은 달랐다. 구글은 조직 내 데이터를 분석해 '우수한 관리자의 특성'을 찾아냈고, 이를 바탕으로 기존의 리더십 교육 방식을 개편했다. 그 결과, 조직의 성과와 만족도가 눈에 띄게 향상되었다. 이 사례는 리더가 직관이 아닌 데이터를 바탕으로 의사 결정을 내릴 때, 조직의 신뢰와 성과가 높아진다는 사실을 보여준다.

필자는 최근 기업 현장에서 데이터가 리더십과 의사 결정을 좌우하는 것을 시시때때로 목도하고 있다. 한때는 기업 내에서 리더십을 카리스마와 직관의 동의어로 인식한 적도 있었다. 그리고 그런 리더들의 성공담이 회자되면서 많은 경영자들이 벤치마킹을 시도한 적도 있었다. 하지만 최근에는 AI와 빅데이터가 경영의 핵심 요소가 되면서 데이터 기반의 리더십이 구성원들에게 신뢰를 주고, 효과적인 신호를 보내는 데 필수 요소가 되고 있다. 오늘날처럼 급변하는 경제 상황에서 리더들은 더 이상 감(感)에 의존하는 것이 아닌, 근거(根據)에 기반한 신호를 보내야 설득력을 가질 수 있다.

특히 한국 같이 고맥락 문화를 가진 사회에서는 데이터 기반의 리더십이 더욱 중요하다. 여기서 고맥락 문화란 1959년에 인류학자인 에드워드 T가 그의 저서인 《침묵의 언어》에서 처음 소개한 개념으로, 다음과 같은 특징을 지닌다.

1. 함축을 잘하며, 직접적인 의사소통보다 표정, 몸짓, 어조의 변화 등 비언어적 측면을 중시한다.
2. 집단주의적이고, 사람들 간의 관계를 하나의 큰 공동체의 일부로 보며, 친구들과 가족 관계에 의존한다.
3. 부정 의문문으로 물었을 때, 질문 내용을 기준으로 예/아니요를 선택한다.

고맥락 사회인 한국의 경우에는 의사소통이 암묵적이고 비언어적 요소에 의존하는 경향이 매우 크다. 그렇다 보니 조직 내에서도 리더가 보내는 신호가 받아들이는 사람에 따라 다양하게 해석될 가능성이 높다. 데이터 기반의 신호는 이러한 불필요한 오해를 줄여 명확한 방향성을 제시하는 역할을 한다. 리더의 신호는 기본적으로 명확성, 예측 가능성, 신뢰성을 가져야 한다. 데이터에 기반한 접근은 이러한 요소를 강화하는 데 도움을 준다.

고맥락 사회에서는 대체로 위계질서에 의해 톱다운 방식으로 의사 결정이 이루어진다. 그렇다 보니 수직적인 체계로 조직이 움직인다. 하지만 최근 세계적 기업들은 수평적 체계를 통해 조직이 민주적으로 운영되는 경향을 보이고 있다. 이때 데이터를 활용하면, 리더는 개인의 선택이 아닌 객관적 근거에 바탕을 두고 의사 결정을 했다는 점을 강조해 직원들에게 좀 더 타당성을 가지고 설득을 할 수가 있다.

신호를 보낼 때는 직관 대신 데이터로

그렇다면 데이터 기반의 신호를 다른 기업들은 어떻게 활용하고 있을까?

스타벅스는 전 세계에 약 4만여 개의 매장을 운영하고 있는 커피 브랜드다. 이 기업은 각 매장의 고객 주문 데이터를 분석하여 매장별로 맞춤형 상품을 제안하고 있다. 예를 들어, 특정 지역에서 라떼의 판매율이 높다면, 직원들에게 해당 메뉴의 프로모션을 강화하라고 신호를 보낸다. 스타벅스에서 이루어지고 있는 이러한 데이터 기반의 신호는 직원들에게 업무 방향성을 구체적으로 설정해 매출 극대화를 이끌고 있다.

넷플릭스는 최근 들어 OTT의 최강자로 자리를 굳힌 컨텐츠 기반의 기업으로, 컨텐츠 분야에서 유통을 넘어 제작까지 손을 대는 새로운 비즈니스 모델을 개발했다. 넷플릭스는 신작을 제작하는 데 있어 데이터를 분석하여 사용자가 선호하는 콘텐츠를 파악한 후,

기획 및 제작을 하고 있다. 즉, 콘텐츠를 제작하는 내부 직원들에게 '어떤 콘텐츠를 제작해야 하는가?'라는 명확한 신호를 보내 의사 결정을 할 수 있도록 돕고 있는 것이다.

고객 경험 데이터를 지속적으로 분석하여 경영 전략을 세우는 대표적인 기업으로 아마존을 꼽을 수 있다. 아마존은 서적에서 시작해 다른 제품을 유통 및 판매하는 데 데이터를 활용하고 있다. 이러한 데이터의 활용으로 인해 아마존의 직원들은 변화의 방향성을 쉽고 빠르게 예측하고 있으며, 신호를 받아들이는 데 혼란을 겪지 않고 있다. 이처럼 예측 가능한 신호는 아마존의 방향성을 일관되게 유지하는 데 큰 밑거름이 되고 있다.

테슬라의 엘론 머스크도 직관보다 데이터를 기반으로 하여 중요한 결정을 내리는 것으로 유명하다. 예를 들어, 그는 공장 입지를 선정하는 데 있어서도 데이터를 활용하고 있으며, 생산성을 향상시키기 위해 직원들의 업무 데이터를 분석하고, 이에 따라 최적의 근무 환경을 조성하고 있다. 또한 리더가 직관이 아닌 데이터에 기반해 의사 결정을 한다는 인식은 직원들에게 경영자에 대한 신뢰감을 높여주는 데에도 기여하고 있다.

이러한 데이터 기반의 의사 결정과 리더십은 대기업만의 전유물이 아니다. 중소기업이나 소상공인도 충분히 실천할 수 있다. 규모에 맞는 데이터 활용 전략을 세우고, 조금씩 실천해 나가면 된다. 이것만으로도 직원과의 신뢰를 쌓고, 조직의 방향성을 제시할 수 있다.

먼저 할 일은 간단하다. 기본적인 데이터 수집 문화를 만드는 것이다. 직원과 고객의 피드백을 정기적으로 받고, 간단한 기록이라도 남기는 것이 중요하다. 작은 기록이 모이면 데이터가 된다. 그리고 그 데이터는 결국 힘이 된다.

예를 들어보자. 영업 직원이 고객에게 제품의 특장점을 설명한 뒤, 그에 대한 반응을 주간 단위로 기록해 보자. 그 데이터를 분석해 보면, 어떤 설명에 고객이 더 긍정적으로 반응했는지 알 수 있다. 그걸 바탕으로 점점 인사이트가 생긴다. 그리고 "무엇을, 어떻게 말해야 고객에게 더 잘 전달될까?"라고 묻게 된다. 결국, 제품의 강점을 어떻게 포지셔닝할지에 대한 명확한 메시지가 만들어진다.

또 하나 중요한 습관이 있다. 결정을 내리기 전에 '데이터를 근거로 말하기'를 실천하는 것이다. 예를 들어, "이번 달 광고비를 20% 줄이겠습니다"라고 말하는 대신, "지난 3개월간 광고당 고객 유치 비용이 20% 늘었습니다. 그래서 조정이 필요합니다"라고 설명해 보자. 그 한마디가 직원들의 신뢰를 만든다. AI가 없어도 괜찮다. 엑셀, 구글 스프레드 시트, 무료 CRM 툴(HubSpot CRM, Trello) 등으로도 충분히 데이터 기반의 의사 결정을 할 수 있다.

과거의 리더는 주로 직관에 의존해 의사 결정을 내렸다. 감에 따라 방향을 잡고, 조직을 이끌었다. 하지만 그렇게 결정된 선택은 자주 위기를 불러왔다. 외부 환경의 불확실성에 내부 혼란까지 더해졌기 때문이다. 이제는 달라졌다. 데이터가 곧 리더십의 토대가 되고 있다.

데이터는 근거가 된다. 의사 결정의 기준이 되고, 신뢰를 높이며, 불확실성을 줄여준다. 특히 한국처럼 고맥락 사회(High-context society)에서는 더욱 그렇다. 명확한 데이터가 신뢰를 만든다. 리더의 실수를 줄이고, 조직의 방향성을 분명히 해준다. 이제 리더는 감이 아니라 근거로 말해야 한다.

신호를 보낼 때도 데이터가 바탕이 되어야 한다. 데이터 기반의 리더십은 명확한 목표 설정, 일관된 메시지 유지, 그리고 조직의 예측 가능성을 높여준다. 그래서 지금 시대의 리더는 데이터를 읽고 활용하는 힘을 갖춰야 한다.

4. 단순하고 반복적인 명확한 신호

신호가 조직에 미치는 영향을 분석한 '조하리의 창 이론'

리더십의 본질은 명확한 방향성을 제시하는 것이다. 불확실성이 높은 시대에는 조직 구성원들이 혼란에 빠지기 쉽고, 리더의 메시지가 왜곡될 위험이 크다. 이럴 때일수록 단순하고 반복적인 메시지 전략이 필요하다.

스티브 잡스는 애플을 재건하는 과정에서 직원들에게 끊임없이 "단순함이 최고의 복잡성이다"라는 메시지를 강조했다. 이 원칙을 제품 개발, 마케팅, 내부 의사 결정 등 모든 분야에 적용했다. 그 결과, 애플은 군더더기를 없애고 혁신적인 제품을 선보이며 업계를 선도할 수 있었다. 이처럼 혼란과 혼돈 속에서는 명확하고 일관된 신호가 조직을 흔들리지 않게 만든다.

리더가 보내는 신호가 조직에 미치는 영향을 분석할 때, '조하리의 창 이론(Johari's Window Theory)'은 큰 도움을 준다. '조하리의 창'은 4가지, 즉 나도 알고 타인도 아는 '열린 창(Open Window)', 나는 알지만 타인은 모르는 '감춰진 창(Hidden Window)', 나는 모르지만 타인은 아는 '보이지 않는 창(Blind Window)', 나도 모르고 타인도 모르는 '미지의 창(Unknown Window)'으로 나눌 수 있다. 조직에서 리더와 직원 간 혹은 직원들 간의 소통 정도가 '열린 창' 상태라면, 양방향 소통이 잘되고 있는 조직이다. 소통에서 문제점이 없는 조직인 것이다.

조직이 '감춰진 창'이라면, 리더는 알고 있지만, 구성원들은 모르는 상태에 있는 경우를 말한다. 대표적인 것이 조직의 장기적인 전략이다. 이는 대개 리더만 알고, 구성원은 잘 모를 때가 많다. 예를 들어, 경영진은 5년 내에 글로벌 시장에 진출하려는 목표를 세우지만, 직원들은 이러한 비전을 모른 채 일하는 경우가 많다.

이에 대한 해결책은 리더가 단순하고 반복적인 메시지를 통해 조직의 비전과 방향성을 구성원들에게 지속적으로 공유하는 것이다. 즉, 리더는 핵심 메시지를 반복적으로 강조하고, 다양한 채널(이메일, 회의, 내부 포스터, 영상 메시지 등)을 활용하여 이를 전파해야 한다. 아울러 자신의 의사 결정 배경과 목표를 투명하게 공개하여 구성원들의 이해를 도와야 한다. 스티브 잡스는 애플을 재건하는 과정에서 "단순함이 최고의 복잡성이다"라는 메시지를 지속적으로 반복하며 조직을 한 방향으로 정렬했다. 이 명확한 신호 덕분에 애플의 모든 직원들은 동일한 목표를 이해하고 실행할 수 있었다.

조직이 '보이지 않는 창'에 해당한다는 것은 리더는 모르지만, 구성원들은 알고 있는 경우를 말한다. 특정 문제가 발생하고 있음을 직원들은 알고 있지만, 리더는 이를 인지하지 못하는 경우가 여기에 해당된다. 예를 들어, 직원들은 특정 부서의 업무 프로세스가 비효율적이라는 것을 알고 있지만, 경영진이 이를 모르고 있다면 '보이지 않는 창'에 해당한다고 할 수 있다.

이에 대한 해결 방법으로는 직원들의 피드백을 효과적으로 수집하는 시스템을 구축하는 것이다. 정기적인 피드백 루프를 운영하고, 익명으로 된 의견 수집 채널을 활용하여 구성원들이 솔직하게 의견을 말할 수 있도록 해야 한다. 아울러 타운홀 미팅, 1:1 면담, 종업원 서베이 등 다양한 방법을 활용하여 현장의 소리를 듣는 기회를 확대해야 한다. 넷플릭스의 경우에는 '360도 피드백 시스템'으로 모든 직원이 익명으로 서로 피드백을 제공하도록 했다. 그리고 거기서 나온 피드백을 통해 구성원들이 경험하는 문제점을 인지하고, 전략을 보다 효과적으로 조정할 수 있었다.

단순하고 반복적인 메시지의 중요성

그렇다면 단순하고 반복적인 메시지가 필요한 이유는 무엇일까? 첫째, 불확실성 속에서 일관성을 유지할 수 있다. 코로나 팬데믹 당시, 뉴질랜드 총리 저신다 아던(Jacinda Kate Laurell Ardern)은 "친절하게 행동하고, 안전을 지키세요, 우리는 함께 이겨낼 것입니다(Be Kind, Stay Safe, We will get through this together)"라는 메시지를 반복적으로 전달하여 국민들의 신뢰를 얻었다. 위기 상황에서 단순하고 희망적인 메시지를 전달하는 신호 덕분에 뉴질랜드는 위기를 효과적으로 극복할 수 있었다.

둘째, 조직 구성원들의 실행력을 높일 수 있다. 단순한 메시지는 직원들이 쉽게 이해하고 실행할 수 있도록 돕는다. 나이키의 'Just Do It' 캠페인은 단순하지만 강력한 동기부여를 제공했으며, 기업 문화에도 큰 영향을 미쳤다.

셋째, 정보 과부하를 줄이고 핵심만 남길 수 있다. 우리는 이미 과도한 정보에 노출되어 있다. 리더가 전달하는 메시지가 복잡하면 직원들은 오히려 핵심을 놓칠 가능성이 높다. 테슬라의 일론 머스크는 "일을 단순하게 하라(Simplify your work)"라는 메시지를 반복적으로 강조하여 직원들에게 불필요한 절차를 줄이고, 핵심 업무에 집중하도록 유도했다.

그렇다면 어떻게 해야 명확한 신호를 보낼 수 있을까? 다음의 '3R(Repetition, Reinforcement, Resonance) 법칙'을 활용하면 된다.

- Repetition(반복하라): 중요한 메시지는 여러 채널을 통해 지속적으로 반복해서 전달해야 한다.
- Reinforcement(강화하라): 리더는 말뿐 아니라 행동을 통해 메시지를 뒷받침해야 한다.
- Resonance(공감대를 형성하라): 구성원들이 메시지를 자신의 업무와 연결할 수 있도록 설득해야 한다.

이 세 가지에 덧붙여서 시각적 신호를 활용하면 좋다. 직원들이 쉽게 볼 수 있도록 슬로건, 인포그래픽, 데이터 대시보드 등 시각적 자료를 활용하면 메시지 전달 효과가 더욱 높아진다. 회사의 비전이나 주요 정책에서 구성원들이 잘 정렬되려면 먼저 소통이 잘 되어야 한다. 사무실 벽에 핵심 가치와 비전을 시각적으로 표현하여 직원들의 몰입도를 높이는 것도 효과적인 소통 방법이다.

정기적인 피드백 루프를 구축하는 것도 중요하다. 리더는 일방적인 메시지 전달자가 아니다. 구성원들의 반응을 지속적으로 모니터링해야 한다. 직원 서베이, 1:1 미팅, 데이터 분석을 통해 메시지가 제대로 전달되고 있는지 확인해야 한다.

리더십의 핵심은 조직을 혼란에서 벗어나게 하고, 목표를 향해 일관되게 나아가도록 돕는 데 있다. 불확실한 환경에서는 단순하고 반복적인 메시지가 조직을 결속시키고, 구성원들에게 확신을 줄 수 있다. '조하리의 창 이론'을 활용하면 리더와 구성원 간의 이해 부족을 줄이고, 피드백 루프를 통해 조직의 건강한 소통을 유지할 수 있다.

5. 경쟁력을 확보하는 실천적 신호

중생대부터 살아남은 메타세콰이어의 경쟁력

'네오만자로' 팀이 연세대 뒤편인 안산에서 정기 산행을 할 때의 일이다. 팀명은 원래는 킬리만자로였으나 코로나 팬데믹으로 인해 예정했던 킬리만자로 등정을 포기한 후, 다시 새롭게 킬리만자로를 향한 도전을 준비한다는 의미를 담고 있다. 팀의 궁극적 지향점은 정신적, 신체적, 관계적으로 지속 가능한 건강이다. 그래서 퇴직 후에 시작한 코치로서의 경쟁력을 갖추는 것도 모임의 한 가지 목표다.

그날 걸은 안산 숲길에는 산림욕을 즐길 수 있도록 메타세콰이어 숲이 조성되어 있었다. 쉼터광장에서 각자 챙겨온 초콜릿, 한라봉, 오이 등을 나눠 먹는데, 문득 이런 의문이 생겼다. '여기서 50년이 넘도록 잘 자라고 있는 메타세콰이어의 생존 경쟁력은 뭘까?'

메타세콰이어는 중생대에 번성한 희귀한 나무다. 세상에서 가장 빨리 자라는 나무 중 하나로, 1년에 1미터씩 자란다고 한다. 나무들은 지속적으로 생존하기 위해 하늘을 향해 키 높이 경쟁을 한다. 그들은 광합성 작용에 필요한 햇빛을 받기 위해 끊임없이 경쟁한다. 그렇게 다른 나무들과의 경쟁에서 이기려고 애쓴 덕분으로 35~50미터의 큰 나무가 된 것이다. 폭풍과 홍수 때문에 쓰러질 수도 있지만, 메타세콰이어가 살 수 있는 방법은 오직 하나, 하늘을 향해 더 높이 서는 것뿐이다.

경쟁은 자연의 법칙이다. 자연 속에 있는 생물들은 살아남기 위해 경쟁에서 이겨야만 한다. 기업도 별반 다르지 않다. 시장에서 살아남기 위해서는 타사를 능가하는 경쟁력을 갖춰야 지속적으로 생존할 수 있다. 시장에서는 아무리 까다로운 소비자라도 특정 회사의 제품이나 서비스가 경쟁력이 있으면 그 회사의 제품을 구입하게 마련이다. 이것이 바로 시장에서 이루어지는 기업의 경쟁력을 가늠하는 잣대가 된다.

메타세콰이어와 경쟁력 있는 인재의 공통점

그렇다면 조직의 경쟁력을 가져오는 인재는 어떤 특성을 가지고 있을까? 경쟁전략 연구의 대가인 바니(Jay B. Barney) 교수는 경쟁력의 비교 우위를 갖춘 자원을 'VRIO모형'으로 제시했다. 그는 경쟁력 있는 자원으로 다음 네 가지, 즉 가치 있는 자원(Valuable resources), 희소한 자원(Rare resources), 모방이 불가능한 자원(non-Imitable resources), 조직화가 가능한 자원(Organizable resources)을 꼽았다. 그의 'VRIO모형'을 메타세콰이어에 빗대 설명하면 다음과 같다.

첫째, 가치 있는 자원이란 조직에 실질적인 이익과 경쟁 우위를 제공하는 능력을 말한다. 숲속의 메타세콰이어는 다른 나무보다 빠르게 자라 더 많은 햇빛을 받아 성장에서 우위를 점한다. 기업에서도 특정 기술이나 지식을 가진 인재는 혁신과 성장을 견인한다. 가령, 최근 반도체나 IT 업계에서는 AI 기술을 보유한 직원들이 새로운 소프트웨어 개발과 혁신적인 서비스 창출로 매출 증대와 브랜드 가치 향상에 기여하고 있다. 실제로 구글은 뛰어난 AI 전문가들이 주도하는 연구·개발을 통해 시장에서 지속적으로 경쟁력을 유지하고 있다. 세계적인 제약 기업인 화이자의 경우, 팬데믹 초기 단계에서 CEO가 신속하게 COVID-19 백신 개발을 결정하고, 인적·물적 자원을 집중적으로 투입함으로써 빠른 시간 내에 백신을 개발하여 시장에서 큰 가치를 창출했다.

둘째, 희소한 자원은 쉽게 찾아볼 수 없는 독특한 능력을 말한다. 메타세콰이어는 기후 변화 속에서도 살아남은 희귀한 수종으로, 숲에서 그 존재만으로도 큰 가치를 지닌다. 이와 같이 특정 기술이나 경험을 갖춘 인재는 대체가 어려운 기업의 소중한 자산이다. 뛰어난 리더십을 지닌 CEO나 고도의 데이터 분석 능력을 가진 전문가는 그 희소성으로 인해 기업에 독보적인 경쟁 우위를 제공한다. 탁월한 리더십과 전략적 안목으로 회사의 혁신을 이끈 애플의 CEO 팀 쿡은 희소한 인재의 가치를 제대로 보여준 인물이다.

셋째, 모방 불가능한 자원은 경쟁사들이 쉽게 따라할 수 없는 독특한 역량을 말한다. 메타세콰이어는 다른 나무들이 따라오기 어려운 빠른 성장 속도를 통해 경쟁 우위를 선점하고 있다. 이와 같이 인재가 발휘하는 독특한 리더십과 창의성은 단순한 기술을 넘어 경쟁사들이 모방하기 힘든 강력한 경쟁력을 만들어 낸다. 일론 머스크는 그의 독특한 비전과 혁신적 리더십으로 테슬라와 스페이스X를 세계적인 기업으로 성장시켰다. 그 결과, 그의 모방 불가능한 역량은 시장에서 뚜렷한 차별점을 제공했다.

마지막으로, 조직화 가능한 자원이란 개별 인재들이 모여 서로의 강점을 최대한 발휘할 수 있도록 체계적으로 관리되고 협력하는 능력을 의미한다. 메타세콰이어는 군락을 이루어 자라고, 경쟁과 협력을 통해 생존과 성장을 도모한다. 최근 MS는 각자의 전문성을 살리고, 부서 간 원활한 소통과 협력을 통해 혁신적인 제품을 성공적으로 출시하며 조직화된 인재의 힘을 보여주고 있다.

이처럼 이제 기업에서 VRIO인재는 기업의 지속 가능한 경쟁력 유지를 위해 필수적이다. 메타세콰이어가 햇빛을 받기 위해 경쟁하며 자라듯이, 기업도 특화되고 다양한 인재를 키워야 경쟁력을 유지할 수 있다. 그런 의미에서 VRIO 인재는 자신의 기술과 지식을 통해 직접적인 가치를 창출하고, 경쟁자들이 모방할 수 없는 리더십과 통찰을 보여준다. 또한 이들은 조직이 최상의 성과를 창출하도록 상호 보완적 역할도 한다.

메타세콰이어의 깊은 뿌리는 우리에게 기업에서 탄탄한 지식과 경험을 가진 인재의 중요성을 상기시킨다. 또한 빠른 성장 속도와 높은 키는 변화하는 시장 환경에서 민첩하게 대응하고 적응하는 능력을 조언한다. 협력적인 군락 형성은 팀워크와 협업의 중요성을 제시한다. 이처럼 메타세콰이어와 경쟁력 있는 VRIO 인재는 모두 조직에 실질적인 이익을 가져다주는 중요한 자원임을 우리에게 알려준다.

6. 상황과 사람에 맞는 맞춤형 신호

SH사의 글로벌 사업본부장이 한국과 미국 두 조직에서 '고객 만족 혁신 프로젝트'를 추진하려 했던 때의 일이다. 그는 며칠 동안 고민에 잠을 이루지 못했다. 같은 목표를 향해 나아가야 했지만, 한국과 미국 직원들의 문화적 배경과 일하는 방식이 너무 달랐기 때문이다. 그는 '어떻게 하면 두 조직이 함께 움직일 수 있을까?'를 깊이 고민했다. 그리고 '문화에 맞게, 리더십 스타일을 달리하자'고 결론 내렸다.

그는 먼저 한국 팀에게는 이렇게 말했다.

"이번 프로젝트의 목표는 1년 안에 고객 만족도를 15% 이상 향상시키는 것입니다. 이를 위해 우리는 세 가지 단계를 따를 겁니다. 1단계는 고객 불만 분석, 2단계는 문제 해결 방안 도출, 3단계는 개선 사항 실행입니다."

한국 직원들은 불확실성을 회피하는 성향(Uncertainty avoidance)이 강하다. 그래서 상사의 지시가 모호하거나 방향이 불분명하면 불안을 느끼기 쉽다. 또한, 한국은 권력 격차가 큰 문화다. 상사는 리더십을 강하게 드러내고, 직원들은 그 지시에 따르는 것이 자연스럽다. 여기서 말하는 권력 격차란, 리더와 직원 사이의 심리적 거리를 뜻한다. 심리적 거리가 크면, 구성원은 마음을 쉽게 털어놓지 못한다. 속마음을 이야기하기도 어렵다. 질문하거나 의견을 내는 것조차 망설이게 된다.

불확실성 회피 성향이 강하다는 것은, 리더가 구체적으로 지시하고 수단과 방법이 명확해야 구성원들이 불안해하지 않는다는 뜻이다. 이런 문화권에서는 다른 사람과의 관계도 공식적인 방식을 선호한다. 규정과 절차를 중요하게 여기고, 제도화된 구조에 익숙하다.

반면, 불확실성 회피 성향이 약한 문화는 다르다. 비공식적인 상호작용을 좋아하고, 위험을 감수하는 데 익숙하다. 통제보다는 자율성을 선호한다. 이런 차이를 이해한 사업본부장은 리더의 지침이 명확하고 구체적일수록 직원들이 안정감을 느낀다는 점에 주목했다. 그래서 한국 직원들에게는 이렇게 말했다.

"이 프로젝트의 최종 결정권자는 저입니다. 여러분은 각자의 역할에 집중하며, 제가 설정한 가이드를 따라주시면 됩니다."

그는 중요한 결정은 직접 내렸고, 세부 업무는 팀원들에게 분담했다. 이런 방식은 직원들에게 신뢰와 안정감을 줬다. 리더의 권위가 분명했기에, 직원들은 각자의 업무에 더 몰입할 수 있었다. 또한 그는 매주 점검 회의를 열어 진행 상황을 확인하고, 프로젝트가 방향에서 벗어나지 않도록 조율했다.

"지금까지 잘 진행되고 있습니다. 다음 주까지 1단계 작업을 완료합시다. 제가 필요한 자원을 추가로 지원하겠습니다."

그는 명확한 방향 제시와 구체적인 액션 플랜을 제공하고, 프로젝트의 긴급성을 고려하여 위계적 리더십 스타일을 발휘했다. 직원들은 안정된 환경에서 협력하며, 프로젝트를 체계적으로 진행할 수 있었다. 사업본부장은 한국 직원들이 불확실한 상황에서는 스트레스와 불안감이 높아서 업무에 대한 몰입이 저조할 것이란 문화적 이해를 바탕으로 정확성과 형식화된 실행 계획을 제시했던 것이다.

반면에 미국은 한국 구성원들과 달랐다. 미국의 직원들은 자신이 프로젝트의 주인공이 되길 원했다. 미국에서는 리더가 코치나 조력자의 역할을 해야 효과적이다. 미국에서는 불확실성에 대한 수용력이 강하고, 권력 격차가 작아서 리더와 수평적인 관계에서 자율적인 의사 결정을 하는 것을 선호한다. 미국처럼 권력 격차가 작고, 불확실성 회피 성향이 약한 문화권에서는 참여적 리더십과 임파워링 리더십 스타일이 효과적이다. 그래서 그는 미국 직원들에게는 이렇게 말했다.

"고객 불만을 줄이고 만족도를 높이는 것이 목표입니다. 여러분이 가진 창의력을 마음껏 발휘해 해결책을 제안해주세요. 모든 아이디어를 환영합니다."

사업본부장은 미국 직원들에게 자율성을 부여하고, 창의적인 해결 방안을 탐구할 기회를 제공했다. 미국 조직의 문화적 특성을 반영해서 목표는 넓게 제시하고 실행 방법은 직원들에게 맡기기로 결정한 것이다.

"프로젝트 성공을 위해 문제를 어떻게 다룰지는 여러분에게 맡기겠습니다. 저는 필요한 자원을 지원하겠습니다."

미국 직원들은 프로젝트에 더 큰 책임감을 느끼고 적극적으로 참여했다. 프로젝트 진행 도중 일부 팀원의 시도가 실패로 끝났을지라도 사업본부장은 꾸짖는 대신 격려했다.

"이 경험을 통해 무엇을 배웠는지 공유해 주세요. 이 아이디어를 다른 방식으로 발전시킬 방법이 있을지도 모릅니다."

사업본부장은 직원들에게 실패를 두려워하지 않고 자유롭게 도전할 수 있는 환경을 제공했고, 프로젝트를 성공적으로 이끌었다.

시간이 흐른 뒤 SH사의 글로벌 사업본부장은 문화적 차이에 따른 리더십의 성공담을 이렇게 정리했다.

"한국에서는 명확한 비전과 구체적인 계획이 안정감을 제공합니다. 그래서 자세한 소통을 통해 직원들에게 명확한 책임과 역할을 부여했습니다. 반면 미국에서는 직원들에게 의사 결정권을 주는 것이 중요합니다. 그래서 자율적 참여를 독려하고, 실패를 허용하며, 창의적 시도를 장려하는 환경을 만들었습니다."

글로벌 리더는 고정된 방식으로 모든 조직을 이끌 수 없다. 문화적 맥락을 이해하고, 이를 기반으로 리더십 스타일을 조율해야 한다. 궁극적으로, 성공적인 리더는 조직 구성원의 문화적 기대에 부응하며 혁신을 이끄는 다리 역할을 해야 한다.

문화적 차이는 한 나라에서 각 세대 간에도 나타날 수 있다. 최근 디지털 기술과 인터넷의 활용은 세대 간의 생활 방식을 급격히 변화시켰다. 전형적인 젊은 세대는 디지털 기술에 익숙하여 스마트

폰, 소셜 미디어, AI 등의 사용이 자연스러운 생활의 일부가 됐다. 반면에 나이든 세대는 이런 기술을 상대적으로 낯설게 느끼거나 적용에 어려움을 겪고 있다. 기술의 수용과 활용에 대한 가치관의 차이는 소통과 생활 방식에도 차이를 나타낼 수 있다. 따라서 경영자들은 구성원들의 태도와 사고방식의 차이를 이해하고, 그에 걸맞게 행동하는 것이 다른 어떤 기술적인 문제보다 중요하고, 필수적이다. 문화 특성의 차이는 근본적으로 리더십 스타일의 차이를 요구하기 때문이다.

7. 공감을 일으키는 감정 인식 신호

리더의 감정 인식 과정은 팀들에게 영향을 미치고, 자신의 성장과도 직결된다. 따라서 자신의 감정을 인식하고 관리하는 능력은 리더십을 강화하는 중요한 요소가 된다. 이는 감정을 안정시키고, 스트레스를 효과적으로 관리하며, 더 나은 결정을 내리는 데에도 기여한다. 자신의 감정을 잘 인식할 때, 리더는 팀원들에게 더 강력한 리더십 효과를 발휘할 수 있다. 또한 팀원들이 어떤 감정 상태인지를 정확히 파악한다면, 그들과의 관계를 강화하고, 나아가 성과를 높이는 데에도 큰 도움이 된다.

이를 위해 감정 인식을 높이는 다섯 가지 구체적인 방법을 다음과 같이 제안한다.

첫째, 적극적으로 경청하는 훈련을 한다. 경청은 감정 인식의 첫걸음이다. 팀원들이 어떤 감정을 느끼고 있는지 알고 싶다면, 그들의 말에 귀를 기울여야 한다. 단순히 고개를 끄덕이는 정도로는 부족하다. 자신의 말에 진심으로 관심을 기울이고 있다는 것을 팀원이 느끼도록 해야 한다. 그렇게 만들기 위해 이렇게 시도해 보자.

먼저 이야기를 나눌 때는 눈을 맞춘다. 눈을 맞추면 자신의 말에 집중하고 있다는 신호를 보내는 것으로 인식된다. 팀원의 설명이 길어지면 중간중간 요약한다. 요약해서 말해주면, "당신의 이야기를 정말 이해하고 있어요"라는 인식을 심어줄 수 있다. 대화 중에 비언어적 신호도 효과적이다. 고개를 끄덕이거나 미소 짓는 등의 비언어적 표현은 팀원에게 집중하고 있다는 느낌을 주기 때문이다.

경청은 리더가 지녀야 할 필수 자질이다. 팀원들이 자유롭게 감정을 표현할 수 있도록 분위기를 이끄는 첫 번째 단계가 바로 '적극적 경청'이다.

둘째, 묻는 질문을 자주 하자. 팀원들의 감정을 이해하려면 그들에게 느끼고 있는 감정을 직접 물어볼 필요가 있다. "지금 그 말을 하면서 어떤 느낌이 드세요?", "지금 그 말을 할 때 신체가 어떤 반응을 하나요?"와 같이 묻는 것이다. 팀원들이 일상적으로 어떤 기분인지, 어떤 어려움을 느끼고 있는지를 물어보면, 팀원들의 감정 상태를 더 잘 알 수 있다. "요즘 기분이 어때요?", "일하면서 어려움은 없어요?"와 같은 질문도 감정을 이해하는 데 좋다.

정기적인 1:1 대화 시간에 곧바로 업무적인 대화로 들어가기보다는 감정 상태를 교환하는 분위기를 만든다면 팀원은 자기가 존중받고 있다고 느낀다. 감정을 묻는 질문을 자주 하면, 리더는 팀원들의 감정 상태에 빠르게 반응할 수 있고, 조직 내에서 신뢰와 유대감을 강화할 수 있다.

셋째, 자기 감정을 솔직히 표현하자. 팀원들이 자신의 감정을 숨김없이 표현하기 위해서는 전제가 있다. 리더가 먼저 자신의 감정을 솔직히 드러내는 것이다. 리더의 감정 표현은 단순한 대화보다 훨씬 강력한 신호가 되어 팀원들이 자신을 쉽게 드러낼 수 있도록 만든다. 만약 당신이 "이 프로젝트는 정말 중요해서 저도 많이 긴장됩니다"라고 표현하면, 팀원들은 당신도 그들과 비슷한 감정을 느낀다는 것을 알게 될 것이다.

당신이 취약한 부분을 먼저 말하면 팀원들에게 신뢰감을 줄 수 있다. 당신이 어려움을 솔직히 공유하면, 팀원들은 당신을 더 인간적으로 느낀다. 이러한 솔직한 감정 표현은 팀원들에게 신뢰감을 주고, 팀원들이 더 편하게 자신의 감정을 표현하도록 하는 중요한 신호가 된다.

넷째, 비언어적 신호에 주목하자. 감정은 말로만 표현되는 것이 아니다. 때로는 표정이나 몸짓 같은 비언어적 신호가 더 많은 정보를 전달한다. 이러한 비언어적 신호를 세심하게 관찰하면 팀원들이 느끼는 감정을 더 잘 이해할 수 있다. 회의나 면담 중에 팀원이 긴장한 표정이거나 몸을 움츠리고 있다면, 불안감을 느끼고 있을 가능성이 크다. 목소리 톤과 속도에도 주의를 기울이자. 말하는 속도나 목소리 톤은 말 속에 담긴 감정을 드러내기 때문이다. 당신이 비언어적 신호를 제대로 이해하면 팀원이 말하지 않아도 그의 감정을 인식해 상황에 적절히 대응하고, 지원할 수 있다.

다섯째, 감정 인식에 대한 피드백을 요청하자. 당신은 자신의 행동에 대해 모든 것을 알 수 없다. 그래서 감정 인식 능력을 강화하려면 팀원들에게 피드백을 받는 것이 좋다. 피드백을 받으면 팀원들이 느끼는 당신의 감정 인식 수준을 알 수 있고, 개선하기 위한 구체적인 의견도 얻을 수 있다. 정기적으로 실시하는 리더십 평가에서 감정 인식에 대한 피드백을 익명으로 받으면 팀원들이 솔직하게 의견을 제시할 수도 있을 것이다.

"리더가 나의 감정을 충분히 이해한다고 느끼나요?"와 같은 질문을 사용할 수도 있다. 특정 대화 후에 팀원에게 직접 피드백을 요청하는 것도 효과적이다. "오늘 대화에서 제가 공감을 잘 표현했나요?"라고 물어보면, 개선점을 파악할 수도 있다. 이렇게 피드백을 활용하면, 당신은 감정 인식 능력을 객관적으로 돌아보고, 개선 부분을 찾을 수 있다.

이 다섯 가지 방법은 리더로서 감정 인식 능력을 높이는 데 실질적인 도움이 될 것이다. 감정 인식은 단순한 기술이 아니라, 팀원들과 진정으로 연결되고, 그들의 감정을 이해하려는 리더의 의지를 보여주는 신호다. 꾸준히 이런 방법들을 실천한다면, 팀원들과의 관계가 더욱 견고해지고, 조직 내에서 신뢰는 높아질 것이며, 성과는 더욱 향상될 것이다.

5장

신호로 조직을 움직여라

1. 작은 신호 하나가 조직을 자극한다

최근 건강의료산업은 그 어느 때보다 역동적이고 불확실성이 높은 환경에 직면해 있다. 이러한 환경 속에서 경쟁력을 강화하고 지속적인 성장을 이루기 위해서는 조직 내부의 혁신이 필수다. 특히, 영업 활동의 혁신은 회사의 성패를 좌우할 수 있는 중요한 요소다. 영업 활동의 결과는 회사의 매출액과 수익 구조에 영향을 미치는 결정적인 변수이기 때문이다.

제약 기업 P사의 리더십팀은 영업 활성화 문제로 몇 달째 밤잠을 설쳤다. 수십 개의 복제약이 시장에 쏟아지고, 오리지널 제품에 대한 재구매율은 눈에 띄게 줄어 시장점유율이 급격히 하락했기 때문이다. 고객들의 반응도 예전 같지 않았다. 이젠 따뜻한 피드백 대신, 냉랭한 침묵이 돌아왔다. 상황은 분명했다. 영업 전략의 전면적인 수정이 필요했다.

의료 환경도 빠르게 바뀌고 있었다. 이 변화는 리더십 스타일의 전환을 요구했다. 기존의 영업 방식은 전통적인 하향식(Top-down) 구조였다. 본부가 전략을 세우면, 현장 직원은 지시에 따라 움직이는 방식이었다. 하지만 이런 방식으로는 빠르게 변하는 시장을 따라갈 수 없었다. 무엇보다, 고객과의 접점에서 유연성과 창의성을 발휘하기에는 한계가 컸다.

영업 현장의 목소리도 점점 커졌다. 직원들은 해마다 높아지는 영업 목표에 지쳐 있었다. 그들은 "이젠 더 이상 팔 데가 없습니다"라고 호소했다. 담당 의사들은 이미 환자들에게 P사의 제품을 거의 100% 처방하고 있다고 항변했다. 추가 실적을 올릴 여지가 없었다. 누구나 느끼고 있었다. 지금, 뭔가 큰 변화가 절실했다.

이에 따라 P사는 '약품 판매가 아니라 질병 판매 영업'으로 전략을 전환했다. 기존의 약품 판매 영업은 자사 제품이 환자 치료에 최고라는 메시지를 전달하는 활동이었다. 이런 영업 활동은 제품의 작용 기전이나 유효성을 강조하는 데 집중됐다. 하지만 의사는 질병 치료에는 다양한 옵션이 고려되어야 한다는 입장이었다. 고객과 회사 간에는 그런 입장 차이가 존재했다. 게다가 복제품의 출현으로 의사들의 약품 선택은 훨씬 다양해졌다. 이제 약품 판매에 집중하는 영업 활동으로는 경쟁사와 차별화도 돼지 않았다.

그래서 P사는 이슈 리더십을 도입했다. 이슈 리더십이란 조직에서 변화와 혁신의 주제를 이슈로 결정(이슈 창안)하고, 직원들의 주의를 집중시키고 공감대를 형성(오디언스 몰입)하여 실행 계획을 추진(이슈 실행)하여 성과를 창출하는 실용적인 리더십을 말한다. 즉, 이슈를 창안하고 오디언스의 공감대를 형성하여 효과적인 실행으로 성과를 향상시킬 수 있는 지속적인 프로세스로 정의할 수 있다.

'이슈 창안'은 조직에 잠재되어 있는 성장 기회나 개선할 문제를 찾아내는 행동을 말한다. 이 과정에서 새로운 아이디어를 창안하는 사람이 이슈 리더가 된다. 조직에서 공식적인 직위를 가진 사람이 아닐지라도 혁신 주제를 창안한 사람이면 나이나 직급에 관계없이 누구나 이슈 리더가 될 수 있다. 그들은 주제 전문가로서의 역할을 수행한다.

'오디언스 몰입'은 리더가 창안한 이슈에 대해 공감대를 형성하는 과정을 말한다. 리더 혼자 이슈를 해결하는 것이 아니라, 이슈 리더를 중심으로 상하좌우 관계에 있는 참여자가 함께 토론과 합의를 거쳐서 문제 해결에 동참한다. 여기서 참여자를 '오디언스(Audience)'라 부르고, 이슈 리더와 오디언스는 파트너십 관계에 있다.

'이슈 실행'은 '이슈 창안'과 '오디언스 몰입'을 거쳐 실천 계획을 완성하는 단계를 말한다. 여기서는 인적·물적 자원의 조달과 배치, 폐기 등의 과정이 포함된다. 이슈 리더가 자원 배분을 통해 효율적이고 효과적인 업무 시스템을 구축하고, 그것을 실천하는 과정으로, 리더의 지원과 지지가 성패를 좌우한다.

P사는 치료 영역 전문가(예: 통증 질환 전문가, 심혈관 질환 전문가 등) 제도를 활용하기로 했다. 치료 영역 전문가란 환자의 특정 질병 치료 과정에서 나타난 중요한 이슈를 임상 시험 자료로 자세히 설명해서 궁금한 점을 해결하는 역할을 하는 사람으로, 단순히 제품 판매를 넘어 의사들의 니즈를 충족시키고, 장기적인 신뢰관계를 구축하는 역할을 담당하는 사람을 말한다. 즉, 의료진이 선택한 증거 기반의 관행(Evidence based Practice, EBP)을 돕는 파트너 역할을 하

는 사람으로, 최신 연구 자료를 이용하여 전문 지식과 임상 경험을 통합한 후, 의사가 환자에게 최적의 진료를 제공하는 데 기여하는 존재를 말한다.

P사는 치료 영역 전문가를 기존의 영업 직원 중에서 동료들이 추천하면, 영업 지점장이 임명하는 방식을 취했다. 그들은 영업 현장에서 직면한 문제를 해결하기 위해 차별화된 활동을 했다. 그들은 질환, 약물, 경쟁사의 전략 동향 등 영업 활동에 필요한 특별한 교육 과정을 이수했다. 또한 이슈 리더로서 영업 활동의 변화를 주도하고, 조직문화의 혁신도 시도했다.

그리고 그들은 특정 질병 영역에 대한 전문적인 지식을 쌓는 데에도 집중했다. 그들은 회사의 메디컬 부서가 준비한 기초 지식을 심층 학습했는데 여기에는 의료계의 톱 저널인 〈NEJAM(The New England Journal of Medicine)〉, 〈JAMA(Journal of the American Medical Association)〉 등과 의대생 교과서에 실린 내용 등도 포함되었다. 이 과정을 마친 이후에는 명의를 초청하여 질병 치료에 대해 A부터 Z까지 교육을 받고, 실제 사례를 토론했다. 명의 초청 교육은 1회성이 아니라 지속적으로 운영되는 프로그램이었다.

치료 영역 전문가들은 활동을 계속하면 할수록 새로운 궁금증이 생겨났다. 새로운 방법에 대한 호기심과 실험 정신도 강해졌다. 그들은 영업에 대한 경험을 활용하여 의료진과 보다 전문적이고 논리적으로 커뮤니케이션을 하고, 환자의 초기 진단부터 치료의 완료 시점까지 '치료 여정'에 대한 의견도 주고받았다. 그 결과, 치료 영역 전문가들은 새로운 질병 판매 영업의 퍼즐을 완성했다. 질병 치료 과정에서 나타난 이슈가 하나씩 해결되었음은 물론이다.

가령, 어떤 환자가 통증으로 인해 숙면이 안 되고, 심한 우울감으로 의사를 방문했다고 가정하자. 이때 통증 영역 전문가들은 통증의 원인과 분류 기준, 동반 질환의 양상, 적합한 치료 옵션에 대해 최근 발표된 권위 있는 의학 저널의 내용과 함께 경험이 많은 다른 의사들의 사례를 중심으로 치료 전략을 담당 의사와 논의한다. 이 과정에서 자사의 약품이 질병 치료에 사용될 시점과 그 이유 등을 의사와 토론한다. 그 결과, 환자의 치료와 함께 의사의 신뢰를 얻어내 장기적인 파트너 관계를 형성한다.

이와 같이 질병 치료에 집중한 영업 활동은 의사들에게 좋은 반응을 얻어냈다. 통증 영역 전문가들이 치료 과정에서 실제 이슈를 잘 포착하고, 그들의 활동이 구체적이고 전문적이었기 때문이다. 예를 들어, 한 통증 환자가 있는 경우 그들은 통각 수용성 통증인지 혹은 신경병증성 통증인지, 두 가지가 혼합된 상태인지를 먼저 확인했다. 통증의 원인에 따라 의사의 치료 전략과 치료 옵션이 달라지기 때문이었다.

이런 경우, 약품 판매 중심의 과거 영업 활동에서는 통증 종류에 관계없이 자사의 소염진통제가 최고라고 설명했을 것이다. 하지만 질병 판매 중심의 영업에서는 이 환자에게 어떤 치료 옵션이 최적이며, 그 이유는 무엇인지 질문하고, 스스로 대응할 방법을 준비했다. 그 후 최신 치료 지견(知見: 지식과 견문)을 인용하여 의사에게 신경병증성 통증 치료를 설명하거나 권위 있는 다른 의사의 경험을 소개했다. 이와 같은 과학에 근거한 영업 활동은 의사들의 신뢰를 얻어내기에 충분했다.

P사에서 치료 영역 전문가들은 각 지점의 대표 선수 역할을 담당했다. 한 지점은 보통 7~9명으로 구성되었는데, 그들은 경험이 풍부했고, 질병 치료와 약품 지식이 뛰어나며, 커뮤니케이션 등을 잘하는 사람으로서 지점의 대표 선수였다. 전국적으로 선출된 7~9명의 치료 영역 전문가들은 분기별 영업 전략 회의에도 참여했다. 거기에서 그들은 영업 매니저, 마케팅 제품 관리 매니저, 메디컬 매니저, 홍보 매니저 등과 함께 제품 프로모션 전략에 대해 잘된 점과 개선점을 검토하고 방향을 결정하는 역할을 했다. 이로서 그들은 조직 내에서 집단 지성 형성에도 공헌했다.

이처럼 P사는 도전적인 환경 속에서 과감히 새로운 '이슈 리더십'을 도입했다. 그와 함께 조직문화도 바뀌기 시작했다. 예전엔 상명하복이 당연했다. 자율성은 뿌리내릴 틈조차 없었다.

영업 직원들이 자기 경험이나 식견을 발휘하는 건 더더욱 어려웠다. 지시대로 하지 않으면, "제멋대로 했다"는 말과 함께 질책이 돌아왔다. 잘해도 티 안 나고, 못하면 책임만 컸다. 직원들은 점점 말이 없어졌다. 상사 앞에선 '예스맨'이 됐고, 독특한 아이디어 하나를 말하려 해도 눈치부터 살펴야 했다. 자신의 성과에서도 의미를 찾지 못했다. 그들은 그저 회사 목표를 달성하기 위한 하나의 부품이었다.

하지만 지금은 다르다. 직원들은 주인의식을 갖고 행동하고, 동료와의 대화에서 '내 일이 어떤 의미가 있는지' 공유하기 시작했다. 변화는 숫자로도 나타났다. 매출은 해가 갈수록 빠르게 성장했고, 시장점유율은 계속 1위를 지켰다.

영업 활동의 효과도 높아졌다. 치료 영역 전문가들의 활약 덕분에 질병 치료에 대한 집단 지성이 축적되었다. 이들의 활약은 회사의 성장을 이끌었고, 동료들에게는 몰입과 자극이 되었다.

무엇보다 놀라운 변화는 이직률이었다. 영업부의 이직률은 7%에서 0.5% 미만으로 줄었다. '이슈를 주도하는 전문가들'은 직원들에게 롤모델이 되었다. 그들은 소속감을 넘어, 열정의 아이콘으로 자리 잡았다.

2. 신호로 수평적 리더십을 구축하라

이슈 리더의 탄생

판교에 위치한 H반도체의 유 부사장은 4년째 이슈 중심의 경영을 해오고 있다. 그로 인해 모든 직원들은 자신이 창안한 중요 이슈들을 다른 동료들과 함께 추진하는 것이 일상이 되었다. 이 회사는 이를 도입하기 위해 시스템적으로 접근했는데, 그 과정을 정리하면 다음과 같다.

첫 번째는 개인의 이슈 창안을 팀 단위에서 확정하는 과정이다. 팀원들은 자기가 창안한 이슈를 업무 목표서에 작성하고, 팀장의 피드백을 받아 확정한다. 이는 매니저의 목표와 정렬이 잘 되어 있는지 점검하는 과정으로, 팀원은 자신이 제안한 이슈의 필요성과 업무의 개선 정도를 팀장에게 설명한다. 그리고 나면 자유로운 피드백을 주고받은 후, 이슈 목표의 성공에 대한 측정 기준을 함께 정한다. 또한 이슈 실행 과정에서 팀장의 지원 사항이나 동료와의 협업 사항 등도 논의한다. 창안된 이슈를 업무 목표 수립 과정에서 공식화하는 것이다.

두 번째는 동료들을 설득하여 공감대를 형성하는 과정이다. 사내 통신망을 통해 자신이 이슈를 제안한 배경과 추진 과정과 기대 결과를 간단하게 알리고, 함께 협력할 동료들을 모집한다. 여기에는 이슈 실행 과정에서 중요한 단계나 중간 보고서 일정이 포함된다. 이 과정에서 직원들은 동료가 제시한 이슈에 대해 관심이 가면 협업 파트너로 지원한다. 파트너로 지원하지 않더라도 다른 사람이 창안한 이슈에서 아이디어를 얻는다. 중요한 것은 회사 전 부서에서 진행할 중요 이슈를 이해하고, 어떤 혁신 과정이 발생할 것이며, 연말에 어떻게 개선된 결과물을 얻게 될지 이해하게 된다는 것이다.

마지막으로 이슈 실행 과정에서는 실천 시스템을 갖춘다. 실천 시스템은 다양하다. 운영 시스템처럼 구조적인 것도 있지만, 업무 효율화를 위한 관행적인 일상 업무의 개선 사항이 중심이 된다. 세부적인 실천 계획에 필요한 자원의 공급 등은 목표 설정 단계에서 팀장의 지원과 지지를 이미 확보했다고 전제한다. 이슈 창안자는 업무 기술적 수준이나 실천 과정에 대한 세부 사항을 점검한다. 그리고 현 관행에 존재하는 방해 요인들을 극복하기 위한 대안을 마련한다.

이러한 이슈 리더십 활동은 회사에 긍정적인 결과를 가져왔다. 영업 프로세스 개선, 고객 정보 고도화, 기술적 문제 해결, 결재 과정의 간소화, 생산 라인에서 결함의 최소화 등의 성과를 얻었다. 직원들의 업무 몰입도도 높아졌고, 그들은 새로운 각도에서 자신의 업무를 바라보고 지속적으로 업무를 개선해 갔다. 직원들 간의 관계도 좋아졌다. 어떤 일이 잘못되더라도 손가락질이나 남 탓을 하지 않았고, '어떻게 하면 더 잘할 수 있을까?'를 토론해 개선의 기회로 이용했다. 노사관계도 안정되었고, 생산성도 증가했다. 생산 라인에서 품질 테스트를 한 결과 결함율도 눈에 띄게 개선되었다. 직원들이 자기 생각을 스스럼없이 공유하게 된 것이 무엇보다 큰 변화였다.

유 부사장은 사실 첫 1년 동안은 매우 힘들었다고 털어놨다. 조직이 전통적인 톱다운 방식에 젖어 있어서 시행착오도 많이 겪었다고 한다. 하지만 리더들부터 솔선수범하면서 구성원들을 설득한 결과, 이제는 이슈 주도의 경영 방식이 확실하게 자리를 잡았다고 한다. 최근에는 직원들이 이슈 창안을 이끌고, 공감대를 통해 오디언스의 몰입을 달성하고 있다고 한다. 그 결과, 시스템 기반의 철저한 실행으로 H반도체는 글로벌 반도체 시장에서 매출액 상위 그룹에 속할 정도로 크게 성장했다.

이슈 리더십을 도입할 때 유의할 사항

위의 사례는 변화와 혁신이라는 주제를 이슈로 설정하고, 조직의 모든 구성원이 이를 실행한다면 성과를 창출할 수 있음을 보여준다. 하지만 이슈 리더십이 항상 좋은 결과만 가져오는 것은 아니다.

도입할 때 주의점이나 고려할 사항도 있다. 다음의 것들이 바로 그것이다.

첫째, 과도한 집중의 위험을 주의해야 한다. 이슈 리더십은 특정 이슈에 집중하는 리더십 스타일이다. 하지만 하나의 이슈에만 과도하게 집중하면 다른 중요한 과제들을 소홀히 할 수 있다. 이를 방지하기 위해서는 이슈의 우선순위를 정하고, 다른 과제들과 균형을 유지하는 것이 중요하다.

둘째, 조직 내 저항을 예상해야 한다. 새로운 이슈를 도입할 때는 조직 내부에서 저항이 발생할 수 있다. 변화에 대한 불안감, 기존 시스템에 대한 애착 등이 저항의 원인이 될 수 있으므로, 이를 효과적으로 관리해야 한다.

셋째, 자원의 한계를 예측해야 한다. 이슈 리더십을 성공적으로 실행하기 위해서는 충분한 자원이 필요하다. 인적·물적 자원과 시간의 한계를 고려하여 실행 가능한 범위 내에서 이슈를 정하고, 필요한 자원을 적절히 배분하는 것이 중요하다.

넷째, 조직의 문화와 리더십 스타일을 고려해야 한다. 이슈 리더십을 도입하려면 조직의 문화가 변화와 혁신에 열려 있어야 한다. 조직 내에서 새로운 아이디어와 도전이 받아들여질 수 있는 환경을 먼저 조성하는 것이 중요하다. 이슈 리더십은 심리적 안전감이나 성취 지향적인 문화 속에서 최대의 성과를 기대할 수 있다. 카리스마 중심의 권위주의 리더십 스타일에서는 이슈 리더가 제대로 활동할 수가 없다.

다섯째, 이슈의 적합성을 고려해야 한다. 선택한 이슈가 조직의 목표와 비전, 그리고 현재 상황에 부합하는지 검토가 필요하다. 이슈가 단기적인 문제 해결을 거쳐 장기적인 성장과 발전에 기여할 수 있는지도 평가해야 한다. 이 과정에 참여하는 직원들의 성과 평가와 보상도 공정해야 한다. 그래야만 이슈 해결에 적극적으로 참여하는 직원들이 많아질 것이다.

이슈 리더가 되는 법

조직의 혁신과 지속 가능한 발전에는 이슈 리더의 활동이 매우 중요하다. 앤디 그로브(Andy Grove) 전 인텔 회장은 이슈 리더십 행동을 실천했던 대표적인 경영자였다. 그는 반도체 엔지니어 출신이었지만, 경영의 구루(Guru)로 널리 알려졌다. 그는 1987년부터 1998년까지 CEO로 재직한 11년 동안 인텔의 시가총액을 40억 달러에서 1,970억 달러로 4,500퍼센트 증가시켰다. "조직의 전 부문에서 결정적인 이슈를 찾아내어 용기를 가지고 실현시킬 줄 아는 리더들이 필요하다"라는 말에서 그가 얼마나 이슈 중심의 경영철학을 중시했는지 알 수 있다.

그렇다면 앤디 그로브와 같은 이슈 리더가 되려면 어떤 요건이 필요할까?

무엇보다 자기 자신에 대한 명확한 인식이 필요하다. 리더의 생물학적 특성, 즉 능력, 인지, 성격, 태도, 경험적 속성은 리더의 역량 발휘에 필요한 씨앗이 된다. 객관적인 진단과 주위 사람들의 피드백을 통해 '나는 어떤 사람인가?'를 인식하는 것에서 리더의 길은 시작된다. 이를 위해 필자는 현재 나의 위치를 진단해볼 수 있도록 아래에 '이슈 리더십 진단 테스트'를 마련해 두었다. 진단 결과를 보면 자신의 강점과 약점을 알 수 있을 것이다. 그리고 강점을 더욱 자주 활용한다면, 탁월한 결과를 지속적으로 생산할 수 있을 것이다.

리더십 개발에 가장 효과적인 방법으로 코칭이 있다. 코칭만큼 객관적으로 자신을 성찰할 수 있는 도구는 드물다. 코칭을 통해 당신은 자신의 강점과 약점을 명확히 인식하고, 이를 바탕으로 보다 효과적인 리더십 스타일을 개발할 수 있다. 또한 피드백을 주고받는 과정에서 새로운 관점을 얻고, 문제 해결 능력을 더욱 강화할 수도 있다. 따라서 학습과 성찰을 지속하는 것은 이슈 리더에게 중요한 요소다.

그 다음으로 이슈 리더들이 자신의 이슈를 제안하고, 실행할 수 있는 조직문화를 조성해야 한다. 심리적 안전감은 이슈 리더가 적극적으로 활동할 수 있는 전제 조건이 된다. 일방적이고 지시적인 조직 풍토에서는 이슈 리더가 왕성하게 활동할 수 없다. 건설적인 갈등 문화, 즉 거리낌 없이 솔직하게 자신의 의견을 말할 수 있는 조직문화라야 이슈 리더들이 혁신을 주도할 수 있다.

이슈 리더십 진단 테스트

아래 문항을 읽고 각각 1~7까지 점수를 매겨보세요. 각 점수는 다음의 내용을 가리킨다.

- 참고로 1은 '전혀 그렇지 않다', 2는 '그렇지 않다', 3은 '그렇지 않은 편이다', 4는 '보통이다', 5는 '그런 편이다', 6은 '그렇다', 7은 '매우 그렇다'를 나타낸다.

1. 나는 성과를 높이기 위해 새롭고 실제적인 이슈를 제안한다.
2. 나는 생산성 향상을 위해 새로운 기술, 절차, 기법, 아이디어 등을 찾는다.
3. 나는 업무의 질을 높일 수 있는 새로운 방법을 주장한다.
4. 나는 창의적 이슈를 구축, 제안할 수 있는 좋은 자료원을 가지고 있다.
5. 나는 기회에 대비해서 직무에 대한 새로운 이슈들을 찾아 준비한다.
6. 나는 새로운 이슈가 포착되면 그의 완성을 위해 적절한 계획을 세운다.
7. 나는 문제를 창의적으로 해결할 수 있는 아이디어를 잘 제시한다.
8. 나는 과업 수행의 새로운 방법을 제시한다.
9. 나는 새로운 이슈와 관련된 회의나 커뮤니케이션을 자주 한다.
10. 나는 구성원들을 잘 설득하여 이슈 실행에 참여하도록 한다.
11. 나는 이슈 실행에 있어 기존의 직책이나 직급 등에 상관없이 수행하도록 한다.
12. 나는 새로운 이슈를 달성했을 때 얻을 수 있는 기업의 성과나 위상을 구

체적으로 제시함으로써 참여자의 지지를 구한다.
13. 나는 이슈 실행과 관련된 의사 결정 과정에 관련자들을 되도록 많이 포함시킨다.
14. 나는 이슈 실행에 필요하다면 조직의 전통적 질서에서 벗어난 의사 결정을 할 수 있다.
15. 나는 이슈 실행에 필요한 인적 자원을 다양한 방법으로 획득할 수 있다.
16. 나는 이슈 실행에 필요한 물적 자원을 여러 원천을 활용하여 후원받을 수 있다.
17. 나는 이슈 실행에 필요한 재정적 자원을 확보할 수 있다.
18. 나는 이슈 실행을 통해 얻을 수 있는 개인적 보상이나 지식을 참여자들이 공유할 수 있게 한다.

* 다음은 채점 기준을 활용하여 이슈 창안, 오디언스 몰입, 이슈 실행을 판단한다.
- 이슈 창안: 항목 1~8까지의 합이 40점 이상이면 이슈 창안을 잘하는 편이다.
- 오디언스 몰입: 항목 9~14까지의 합이 30점 이상이면, 오디언스 몰입을 잘하는 편이다.
- 이슈 실행: 항목 15~18까지의 합이 20점 이상이면, 이슈 실행을 잘하는 편이다.

3. 신호를 잘 받아들이는 인재를 우대한다

사람이 성장하면, 조직도 성장한다

지난해 3월, S기업의 이 부사장을 코칭하던 때의 일이다. 그가 조용히 속마음을 털어놓았다.

"회사의 성장은 더딘데, 직원들은 그저 주어진 일만 합니다. 스스로 움직이지를 않아요. 어떻게 해야 할까요?"

필자는 잠시 침묵한 뒤, 되물었다.

"직원들에게 성장할 기회는 주셨나요?"

많은 리더가 조직의 성장을 고민한다. 하지만 정작 직원 개인의 성장에는 별다른 관심을 두지 않는 경우가 많다. 회사가 앞으로 나아가려면, 직원도 함께 성장해야 한다. 직원은 단순한 실행자가 아니다. 그들은 기업의 미래를 만들어 가는 핵심 동력이다. 리더가 믿고 기회를 줄 때, 사람은 움직인다. 배울 기회, 도전할 기회, 성장할 기회. 이 세 가지가 주어지면, 조직은 자연스럽게 살아난다. 하지만 반대로, 인재 육성을 외면하면 직원들은 점점 수동적으로 변한다. 결국 조직도 멈추고 만다.

인재는 조직의 경쟁력 그 자체다. 그리고 경쟁력은 기업이 지속 가능한 성장을 이루는 핵심 요인이 된다. 따라서 단순히 높은 성과를 기대하는 것만으로는 부족하다. 리더와 직원이 파트너십을 형성하고, 목표를 함께 공유하며, 서로 발전하는 관계를 구축해야 한다. 리더와 직원이 서로 존중하며 협력하는 파트너 관계를 유지하면, 훨씬 효율적으로 목표 달성이 가능해진다. 지금처럼 변화에 민첩하게 대응해야 하는 환경에서는 구성원 각자가 주체적으로 역할을 수행할 수 있어야 한다. 구성원 스스로 성장할 기회를 찾지 못하고, 수동적으로 움직이는 조직은 높은 성과를 기대하기가 어렵다.

최근 MZ세대에게 '직장생활에서 가장 중요한 요소'를 물었더니 성장을 꼽았다는 연구 결과가 많았다고 한다. 이처럼 이들은 단순한 생계를 넘어, 자신의 커리어와 삶을 지속적으로 발전시키는 것을 중요시한다. 따라서 리더가 인재 육성을 적극적으로 지원하면, 그들은 조직을 자신의 성장 무대로 여기고 더욱 적극적으로 기여하게 될 것이다. 리더가 조직에서 인재 육성을 최우선 과제로 삼는다면, 조직의 경쟁력도 자연스럽게 강화될 수 있는 것이다.

유형을 파악하고 인재를 육성하자

그렇다면 조직에서 인재는 어떻게 육성해야 할까?

이 질문은 어떤 사람을 우리 조직의 바람직한 인재상으로 볼 것인가로 해석할 수 있다. 인재상은 조직의 가치와 비전을 반영하여 구성원들이 어떤 태도와 역량을 갖춰야 하는지를 구체적으로 보여주는 것이다.

다음 그림은 조직의 인재상 모델을 나타낸 것이다. 그림에서 X축은 직원의 태도가 적극적인가, 수동적인가를 나타낸다. Y축은 직원의 역량이 높은가, 낮은가를 나타낸다. 역량이란 구성원의 혁신 업무 수행 능력과 직결된다. 직원이 독립적으로 혁신 문제를 해결할 사람인가, 의존적으로 혁신 문제를 해결할 사람인가를 가늠한다.

이 모델에서 성과는 역량과 태도의 두 변수와 비례관계임을 나타낸다. 즉 성과=f(역량X태도)로 공식화할 수 있다. 이 모형은 그림과 같다. 이 그림은 X축(태도: 적극성vs.소극성)과 Y축(역량: 독립적, 혁신적인 문제 해결 능력)으로 인재상을 구분한 사분면이다. 각 분면의 특성을 설명하면 다음과 같다.

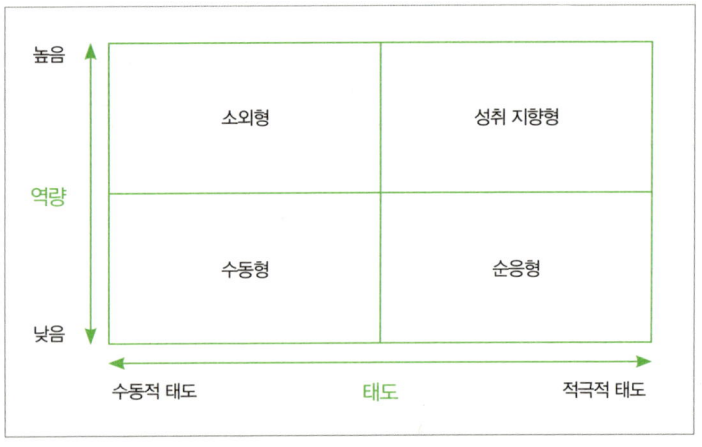

성취 지향형(우측 상단: 적극적 태도+높은 역량)

성취 지향형 인재는 주도적인 태도와 혁신적 문제 해결 능력을 갖춘 조직의 핵심 동력이다. 이들은 새로운 도전을 기꺼이 받아들이며, 복잡한 과제도 창의적이고 효과적으로 해결한다. 특히, 변화를 두려워하지 않고, 혁신을 주도하는 성향이 강하다. 조직 내에서 리더십을 발휘하여 핵심 프로젝트나 중요한 역할을 맡을 가능성이 높다.

한 예로 필자가 아는 한맥바이오에서 일하는 K마케팅 팀장은 시장 변화에 민감하게 반응하며, 데이터 분석을 기반으로 혁신적인 캠페인을 기획했다. 기존 방식에서 벗어나 AI 기반의 고객 타겟팅 전략을 도입한 결과, 광고 효율이 지난 2년간 200% 이상 증가했다. 능동적인 자세와 문제 해결 역량 덕분에 그는 곧바로 마케팅 총괄로 승진하며 기업 성장의 주역이 되었다.

조직은 이들이 지속적으로 도전할 수 있도록 자율성과 성장 기회를 제공하고, 장기적으로 리더십 포지션으로 발전할 수 있도록 멘토링과 네트워킹 기회를 지원해야 한다.

소외형(좌측 상단: 소극적 태도+높은 역량)

소외형 직원은 뛰어난 역량을 갖추고 있지만, 소극적인 태도 때문에 자신의 능력을 충분히 발휘하지 못하는 경우가 많다. 이들은 조직 내에서 주목받지 못하거나, 때때로 고립되는 경향이 있다. 변화를 이끄는 것에는 다소 소극적이며, 체계와 규범을 중시하는 특성이 강하다. 혁신적인 변화를 요구하는 환경에서는 반응이 느리거나 냉소적인 태도를 보일 수도 있다.

한 예로 코칭 세션에서 만난 H그룹의 마케팅 담당 L이사는 자기 부서의 팀장 J에 대한 고민을 털어놓았다. L이사는 J와 함께 오랫동안 동료 팀장으로 일했지만, 2년 전 자신이 임원으로 승진하면서 관계가 달라졌다. L이사의 지시에 J는 "예전에 해봤지만 효과가 없었다"며 냉소적인 반응을 보였고, 점점 불만을 표출하기 시작했다.

하지만 J는 기본적인 업무 능력이 뛰어난 인재였다. 이에 L이사는 J의 역량을 살릴 방법을 고민한 끝에, 그를 '플레잉 코치(Playing Coach)'로 지정하여 신입 사원의 마케팅 교육을 맡겼다. 처음에는 반발했지만, 시간이 지나면서 자신의 경험과 지식을 인정받고 후배들에게 조언하는 과정에서 태도가 점점 바뀌었다. 7개월 후, L이사는 J가 이전보다 훨씬 적극적으로 업무에 임하며 조직 내에서 긍정적인 영향을 미치고 있다는 소식을 전했다.

이 사례는 소외형 직원이 적절한 역할과 인정받을 기회를 제공받으면, 성취 지향형 인재로 성장할 수 있음을 보여준다.

수동형(좌측 하단: 소극적 태도+낮은 역량)

수동형 직원은 업무 수행에 필요한 역량이 부족할 뿐만 아니라, 적극적인 태도도 보이지 않는 유형이다. 이들은 스스로 문제를 해결하려는 노력이 미흡해 지속적인 지도와 관리가 필요하다. 변화나 혁신을 기대하기 어려운 경우가 많고, 조직 내에서 발전을 이루기 위해서는 추가적인 교육이 필요하거나, 적성에 맞는 다른 부서로의 이동도 고려할 수 있다.

또한 이러한 유형의 직원이 조직에 많아질 경우, 업무 효율이 저하되고 동료들에게 부정적인 영향을 미칠 수 있다. 따라서 채용 과정에서 역량을 정확히 측정하는 방법을 개발하고, 조직에 적합한 인재를 선발하는 것이 중요하다. 첫 단추를 잘 꿰어야 한다는 이치가 바로 여기에 있다.

한 예로 B사의 인사팀에서 근무하는 K팀장은 신입 사원 O에 대해 고민이 많았다. O는 기본적인 업무 지식이 부족할 뿐만 아니라, 지시가 없으면 스스로 무엇을 해야 할지 모르고, 피드백을 받아도 적극적으로 개선하려는 태도를 보이지 않았다. K팀장은 O에게 지속적인 교육을 제공하고 멘토링을 실시했지만, 변화가 크게 나타나지 않았다. 결국 K팀장은 O의 역량과 적성을 다시 한번 평가한 후, 현재 부서에서 요구하는 역할과 O의 성향이 맞지 않다는 점을 깨달았다. 이에 따라 O를 상대적으로 정형화된 프로세스가 많은 운영팀으로 이동시켰고, 이후 O는 점차 업무에 적응하며 조금씩 성과를 내기 시작했다.

이 사례에서 볼 수 있듯이, 수동형 직원은 단순히 훈련이 부족한 것일 수도 있고, 현재 역할과 적성이 맞지 않은 것일 수도 있다. 따라서 리더는 이들이 적합한 역할에서 역량을 키울 수 있도록 업무를 조정해 주어야 한다.

순응형(우측 하단: 적극적 태도+낮은 역량)

순응형 직원은 적극적인 태도를 보이지만, 업무 수행에 필요한 역량이 부족한 유형이다. 이들은 주어진 일을 성실하게 수행하고 조직에 대한 충성도도 높은 편이지만, 스스로 문제를 해결하는 능력이 부족하여 독립적으로 업무를 수행하는 데 어려움을 겪는다. 이런 유형의 직원은 적절한 교육과 경험을 제공하면 성장 가능성이 크지만, 단순히 기계적으로 지시에 따르는 역할에 머무르면 정체될 위험도 있다. 리더는 이들이 자기 주도적으로 문제 해결 능력을 키울 수 있도록 코칭하고, 점진적으로 책임감을 부여해야 한다.

한 예로 H사의 영업팀에서 근무하는 신입 사원 M은 매우 적극적인 태도를 보이며, 주어진 일을 성실하게 수행했다. 하지만 보고서 작성이나 고객 대응에서 실수가 잦았고, 문제가 생기면 스스로 해결하기보다 상사의 지시를 기다리는 경향이 강했다. M의 팀장은 그가 의욕은 넘치지만, 실무 능력이 부족하다는 점을 인지하고, 단순한 지시보다는 문제 해결 과정에서 직접 고민해 보도록 유도하는 방식으로 지도했다.

예를 들어, 고객 문의 대응 시 바로 답을 주지 말고, 먼저 '팀장님이라면 이 상황을 어떻게 해결할 것 같은가?'라고 스스로에게 질문해 사고력을 기를 기회를 가지라고 말해주었다. 또한 팀 내에서 작은 프로젝트의 책임자로 지정하여, 스스로 의사 결정을 내릴 기회도 부여했다. 초기에는 어려움을 겪었지만, 점차 경험이 쌓이면서 스스로 문제를 해결하는 능력이 향상되었고, 조직 내에서 신뢰받는 인재로 성장할 수 있었다. 이 사례는 순응형 직원에게 적절한 피드백과 성장 기회를 제공하면, 성취 지향형 인재로 발전할 수 있음을 보여준다.

지금은 디지털 전환기다. 경영 환경은 빠르게 바뀌고 있고, 조직 안에서 젊은 세대의 비중도 점점 커지고 있다. 특히 MZ세대는 다르다. 그들은 단순히 지시를 따르는 사람이 아니다. 스스로 생각하고, 자신의 역할을 인정받고 싶어 한다. 그리고 계속 성장하고 싶어 한다.

하지만 이런 특성을 기성세대는 때로는 부정적으로 보기도 한다. "요즘 애들은 왜 저럴까"라는 말이 무심코 흘러나오기도 한다. 그런 분들에게 전하고 싶은 말이 있다. 카네기멜론 대학의 켈리 교수(R.E. Kelly)는 이렇게 말했다.

"조직의 성공은 리더의 기여가 20%, 나머지 80%는 직원들의 몫이다."

조직을 이끄는 리더라면, 이 말을 가볍게 넘기지 말아야 한다. 조직의 성장은 결국, 사람의 성장에서 시작되기 때문이다.

4. 신호로 조직문화를 창조하라

'공진화'란 진화생물학에서 한 생물 집단이 진화하면, 이 집단과 관련된 집단이 같이 진화하는 현상을 말한다. 찰스 다윈이 《종의 기원》에서 처음 언급했는데, 다윈은 이것을 '진화적 상호작용'이라고 일컬었다. 생물은 서로 가까운 관계에 있는 종이 진화함에 따라 다른 종도 살아남기 위해 이에 맞추어 끊임없이 적응하며 진화한다. 서로 밀접한 관계에 있는 종 가운데 하나의 종이 이를 따라가지 못하면 멸종될 수밖에 없기에 생존을 위해 함께 진화해 가는 것이다.

앞에서 P사는 조직에 혁신이 필요해서 치료 영역 전문가를 이슈 리더로 활용했을 뿐인데, 그 성과가 예상보다 놀라웠다. 그리고 몇 년이 지나자 모든 영업부 직원들은 질병치료 전문가가 되었다. 다음은 신경병증성 통증 전문가가 된 김영수 씨의 이야기다.

김영수 씨는 한 신경과 의사와 협력하여 복잡한 신경병증성 통증 환자 치료에서 큰 성공을 거두었다. 이 환자는 다양한 약물에 반응하지 않았으며, 일상생활이 거의 불가능할 정도로 통증이 심했다. 심지어 밤이면 통증이 더 심해져 잠을 잘 수 없을 지경이었고, 급기야 우울증까지 생겼다.

그는 의사에게 이 환자의 치료 이력을 자세히 듣고, 최신 연구 데이터에서 아이디어를 얻어 맞춤형 치료 전략을 제안했다. 그 결과, 그 환자의 통증은 크게 완화되었고, 정상적인 삶의 질을 다시 누리게 되었다. 이 과정에서 김영수 씨는 맞춤형 통증 치료 계획을 세우는 데 있어 의사의 중요한 파트너 역할을 했다. 그는 새로운 환자에게 나타날 수 있는 약물의 유효성과 부작용의 지속적인 모니터링 방법 등 실용적인 솔루션을 제공했던 것이다.

그가 그 성과를 인정받아 분기 POA(Plan Of Actions) 미팅의 베스트 프랙티스(Best Practice) 사례로 선정되어 영업부 직원들 앞에서 발표를 하게 되었다. 그는 스토리텔링 기법과 시청각 자료를 활용하여 자신의 경험을 흥미롭고 생동감 있게 전달했다. 그는 환자가 의사를 만났을 때의 상황부터 이야기를 시작했다. 통증 진단 과정, 환자의 고통스러운 일상, 치료 과정에서 겪었던 경험과 어려움까지 상세하게 묘사했다. 마치 한 편의 드라마처럼 환자와 의사와 자신의 역할을 생생하게 전했다. 특히 환자의 치료 경험을 찍은 동영상이 나오자 직원들은 환자의 감정에 완전히 이입되었다. 그들은 환자가 고통스러워 소리치자 매우 안타까워했다. 그리고 통증이 해소되어 환자가 환히 웃는 장면에서 동영상은 끝나자 직원들은 박수를 치며 그에게 환호를 보냈다.

그는 환자의 치료 과정을 설명할 때, 자신이 사용한 임상 데이터, 통증 스케일의 변화에 따른 얼굴 표정의 변화, 치료 전후의 비교 사진을 입체적으로 사용했다. 동료들은 명쾌한 설명과 함께 다양한 시청각 자료를 통해 상황을 생생하게 이해할 수 있었다. 영수 씨는 프레젠테이션 도중 동료들에게 질문을 던지며 상호작용을 촉진했고, 참가자들은 그의 발표에 더욱 몰입했다.

그는 단순히 자신의 경험을 공유하는 데 그치지 않고, 영업 현장에서 적용할 수 있는 영업 팁도 제공했다. 더 나아가 의사들이 자주 묻는 질문 리스트와 가장 관심을 보이는 임상 데이터는 무엇이며, 왜 관심을 갖는지, 그리고 치료 과정에서 나타나는 부작용 대처 방법 등도 공유했다. 동료들은 완전히 매료되어 자신의 담당 지역에서 당장 활용하겠다는 의지를 내비쳤다. 발표가 끝나고 쉬는 시간에도 많은 동료들이 큰 관심을 보이며 그에게 추가적인 질문을 던졌다. 몇몇 동료는 그에게 공동 프로젝트를 제안하기도 했다. 이후 김영수 씨는 동료들에게 롤모델이 되었다.

치료 영역 전문가 제도를 활용한 P사의 이러한 활동은 영업부 전 직원들에게 공진화되었다. 이는 단순한 정보 전달을 넘어, 동료들에게 동기를 부여하고, 혁신적 행동을 촉진하는 계기가 되었다. 의사들도 '제대로 된 영업 방식'이라는 반응을 나타냈다. 영업부 직원들은 자신의 업무에서 점점 더 의미를 찾게 되었고, 시장 경쟁력도 강화됐다.

이러한 활동으로 조직 내에 전문 지식이 확산되었고, 직원들의 영업 비밀이 공론화되었다. 김영수 씨의 발표 이후 다른 직원들도 자신들의 사례를 보다 적극적으로 공유하는 문화가 자리를 잡게 되었다. '주간 영업 회의' 분위기도 달라졌다. 종래에는 지점장의 일방적인 가르침과 지시 사항만 있었는데, 개인의 영업 노하우와 경험을 동료들과 공유하는 분위기가 되자 직원들의 목소리는 활기를 띠고 밝아졌다. 심지어는 자신의 실수를 스스럼없이 터놓고 말하기도 했다. 증거 기반의 영업 노하우가 조직에 축적되었음은 물론이다.

직원들 간의 협력과 팀워크도 강화되었다. 성공 사례를 공유하는 과정에서 팀원들은 자신의 실전 경험을 토로하며 동료에게 SOS를 요청했고, 이는 즉시 수용됐다. 그들은 허심탄회하게 공동 프로젝트를 진행하기도 했다. 개인이 가지고 있던 통찰과 노하우를 공개하자 문제 해결 능력도 빠르게 향상되었다. 팀워크가 강화된 증거였다.

직원들의 이러한 행동은 회사의 혁신 문화 정착도 앞당겼다. 경쟁 환경에서 직면하는 문제를 해결하기 위해 직원들은 각자가 참신한 아이디어를 제안하고, 동료들에게 그 필요성과 기대 결과를 설명하여 현장에 적용했다. 그리고 그 후 경험을 공유하고 토론하는 과정에서 업무 수행에 필요한 새로운 방법이나 아이디어를 찾으려고도 애썼다. 다국적 기업인 이 회사에서 매년 실시하는 '직원의 목소리' 조사 결과 "나의 팀원은 업무와 관련된 창의적인 방법을 고안한다"는 문항에서 7점 리커트 척도(Likert Scale)에서 6.3을 기록해 100여 개 나라 지사 중 최고를 차지하기도 했다. P사 직원들은 더 이상 상부의 지시에 의존하지 않고, '함께 새롭게 해보자'라는 문화를 정착시켜 혁신적이고 주도적인 조직이 되었다.

질적 성과뿐 아니라 매출 성장, 고객 충성도 증가, 직원 만족도 증가에서도 양적인 성과가 도드라졌다. 김영수 씨가 주도한 신경병증성 통증 치료 전략을 영업부 전 직원이 활용하면서 P사의 해당 치료제 매출은 1년 후 35% 이상 증가했다. 시장점유율도 전국적으로 평균 7%가량 상승해 경쟁사를 압도했다.

고객의 충성도도 크게 증가했다. 국제적으로 입증된 IMS 시장 조사 보고서에는 신경병증성 통증을 치료하는 의사 중 80%가 P사의 제품을 1차 옵션으로 선택한 것으로 나타났다. 또한 신경병증성 전문가 제도를 도입한 2년차에는 500명 이상의 신규 의사 고객도 확보했다. 더욱 놀라운 현상은 신규 고객 중 절반 이상이 경쟁사 제품을 사용하다가 P사 제품으로 교체했다는 것이다. 차별화된 치료 영역 전문가 제도가 영업 숫자로 입증된 것이다.

이렇게 성공 경험을 공유하는 과정은 조직 내에서 동료들 간의 협력을 촉진했고, 안정감과 소속감을 향상시켰다. '직원의 목소리' 조사에서 "우리 조직에는 어려운 일을 얘기할 수 있는 친구가 있다"라는 문항의 점수가 1년전 3.8에서 6.1로 증가한 것으로 나타났다. 또한 영업부 직원들의 업무 만족도도 전년에 비해 30% 증가했다. 직원들은 자신이 성취한 성과가 조직 내에서 인정되고, 동료들과 협력을 통해 지속적으로 성장·발전할 수 있다는 점에서 큰 만족감을 느꼈다고 한다.

이러한 질적·양적 성과는 P사 영업부의 조직문화 혁신이 시장에서 경쟁력 강화로 직결되었음을 보여준다. 김영수 씨와 같은 치료 영역 전문가의 활용은 영업 전략을 넘어 조직 전체의 문화의 혁신을 주도했다. 이런 이슈 리더십의 공진화 사례는 매출 성장은 물론 시장 경쟁력 강화에도 주춧돌이 되었다.

이 과정에서 조직의 공진화는 직원들의 혁신적인 행동을 불러왔다. 직원들은 자율적이고 적극적으로 문제를 찾아냈고, 동료와 함께 해결했다. 그들은 자신의 성과가 어떤 의미가 있고, 회사 발전에 어떤 기여를 할 것이라는 점을 알고 있었다. 주인의식이 상승한 것이다. 함께 토론하며 조직 전체의 역량도 올라갔다. 이슈 리더의 행동이 공진화되어 혁신적인 문화의 마중물이 된 것이다.

부록

심리적 안전감 강화 훈련 프로그램 소개

시간	학습 목표	주요 활동	퍼실리테이터 가이드	기대 효과
0:00 – 0:10 (10분)	워크숍의 목표를 이해하고 참가자의 기대감을 높임	오프닝 & 기대 설정 - 워크숍 목적 공유 - 참가자 네트워킹 (3명씩 조 편성)	- 참가자들에게 "오늘 워크숍에서 무엇을 얻고 싶은가?" 질문하기	참가자의 관심을 유도하고 적극적인 참여 분위기 조성
0:10 – 0:30 (20분)	심리적 안전감이 조직에서 중요한 이유를 인지	아이스 브레이킹: "당신의 팀은 안전한가?" - 개인 경험 공유 (짝 토론) - 심리적 안전감 개념 및 사례 설명 (구글 아리스토텔레스 프로젝트)	- 참가자들의 실무 경험을 자연스럽게 끌어내는 질문 사용	개인 경험과 개념을 연결하여 이해도 증가
0:30 – 0:50 (20분)	자신의 팀이 심리적 안전감이 부족한 이유를 분석	7가지 질문을 활용한 팀 진단 - 테이블별로 심리적 안전감 7가지 요소(카드 활용) 점검 - 팀의 현실적 증상 공유	- "여러분의 조직에서 이 질문에 대한 답은 무엇입니까?"라는 질문으로 토론 유도	자기 조직의 문제를 구체적으로 인식
0:50 – 1:10 (20분)	조직 내 심리적 안전감 부족의 근본 원인 파악	5WHY 분석법을 활용한 원인 탐색 - 문제를 선택하고 "왜?"를 5번 반복하여 원인 탐색	- 겉으로 드러난 원인이 아닌 '숨겨진 원인'을 찾도록 촉진	피상적인 문제 인식에서 벗어나 근본 원인까지 탐색

시간	학습 목표	주요 활동	퍼실리테이터 가이드	기대 효과
1:10 – 1:45 (35분)	실행 가능한 해결책을 도출	해결 전략 브레인스토밍 - 팀원들이 각각 해결책을 제안한 후 가장 효과적인 해결 전략 2~3개 선택	- 해결책이 '추상적'이 아닌 '실제 실행 가능'하도록 유도	실질적인 해결책이 도출됨
1:45 – 2:00 (15분)	네트워킹 및 리프레시	휴식 및 자유 토론	- 참가자들이 자연스럽게 교류하도록 분위기 조성	참가자 간 네트워킹 강화
2:00 – 2:40 (40분)	조직에서 적용할 수 있는 실행 계획 수립	팀별 액션 플랜 작성 - 해결책을 실행하기 위한 구체적 행동 계획 수립 - 예상 장애물 및 극복 방안 논의	- "이 계획을 내일부터 바로 실행할 수 있는가?"라는 질문으로 현실성 점검	조직에 적용 가능한 실행 계획이 마련됨
2:40 – 3:15 (35분)	해결책을 공유하고 상호 피드백 제공	팀별 발표 및 피드백 세션 - 해결책 발표 후, 다른 팀이 질문 및 피드백 제공	- 실행 계획을 개선할 수 있도록 참가자들이 질문을 던지도록 유도	실행 가능성이 높은 해결책으로 다듬어짐
3:15 – 3:25 (10분)	개인이 실천할 행동을 명확히 정리	'내가 실천할 한 가지 행동' 작성 - 개인별 액션 플랜 작성 후 짝과 공유	- "작은 변화부터 시작하라"는 메시지를 강조	실천 의지 강화
3:25 – 3:30 (5분)	워크숍을 마무리하고 지속적인 실행을 독려	피드백 및 Q&A - 참가자 소감 공유 - 후속 지원 안내	- 참가자들에게 "가장 인상 깊었던 순간은?" 질문	참가자가 워크숍 경험을 의미 있게 마무리

리더의 신호

초판 1쇄 인쇄 | 2025년 7월 10일
초판 1쇄 발행 | 2025년 7월 15일

지은이 | 박성열
펴낸이 | 김진성
펴낸곳 | 호이테북스

편 집 | 허민정, 강소라
디자인 | 유혜현
관 리 | 정서윤

출판등록 | 2005년 2월 21일 제2016-000006
주   소 | 경기도 수원시 장안구 팔달로237번길 37, 303호(영화동)
대표전화 | 02) 323-4421
팩   스 | 02) 323-7753
전자우편 | kjs9653@hotmail.com

ⓒ 박성열 2025
값 15,000원
ISBN 979-11-988677-8-0 (03320)

* 잘못된 책은 서점에서 바꾸어 드립니다.
* 이 책은 저작권법의 보호를 받는 저작물이므로 무단전재와 복제를 금합니다.
* 본문 내용을 사용할 경우 출판사의 허락을 받아야 합니다.